乐享汇

分享·快乐的阅读
Happy Reading to Share

冲动是魔鬼
人心藏野兽

雑学3分間ビジュアル図解シリーズ犯罪心理学

［日］福岛章 ◎编著　　简中昊 ◎译

找出心中的怪兽

CtS 湖南文艺出版社
PUBLISHING & MEDIA
中南出版传媒
HUNAN LITERATURE AND ART PUBLISHING HOUSE

博集天卷
CS-BOOKY

图书在版编目（CIP）数据

找出心中的怪兽/（日）福岛章编著；简中昊译.
一长沙：湖南文艺出版社，2015.1
ISBN 978-7-5404-7030-2

Ⅰ.①找… Ⅱ.①福… ②简… Ⅲ.①犯罪心理学－通俗读物
Ⅳ.①D917.2-49

中国版本图书馆CIP数据核字（2014）第274661号

著作权合同登记号：18-2014-087

上架建议：心理学·时尚读物

HANZAI SHINRIGAKU
Supervised by Akira FUKUSHIMA
Edited by PHP Institute, Inc.
Illustrations by Reiko OSHIKIRI
Copyright ⓒ 2008 by PHP Institute, Inc.
First published in Japan in 2008 by PHP Institute, Inc.
through Japan Foreign-Rights Centre / Bardon-Chinese Media Agency

找出心中的怪兽

编　　著：［日］福岛章
译　　者：简中昊
出 版 人：刘清华
责任编辑：薛　健　刘诗哲
监　　制：蔡明菲　潘　良
策划编辑：李彩萍
封面设计：张丽娜
版式设计：利　锐
版权支持：文赛峰
插图上色：罗茗铭（小P）
出版发行：湖南文艺出版社
　　　　　（长沙市雨花区东二环一段508号　邮编：410014）
网　　址：www.hnwy.net
印　　刷：北京缤索印刷有限公司
经　　销：新华书店
开　　本：880mm×1230mm 1/32
字　　数：185千字
印　　张：7
版　　次：2015年1月第1版
印　　次：2015年1月第1次印刷
书　　号：ISBN 978-7-5404-7030-2
定　　价：34.80元
（若有质量问题，请致电质量监督电话：010-84409925）

前 言
PREFACE

　　我们的报纸与电视新闻没有一天不刊登或报道犯罪的事情，杀人、盗窃、欺诈、企业家的不法行为……我们好似就生活在被犯罪包围的世界当中。

　　说到犯罪者，我们很容易认为那是一种和我们不一样的"特别"人类。但是，这些犯罪者和我们之间的界限到底是什么呢？而且，说到底，这个界限实际上是否真的存在呢？

　　为了寻求这个问题的答案，我们研究犯罪者的身与心，希望有助于犯罪调查，乃至深入理解人类整体的本质——这门学问就是犯罪心理学。

　　当然，虽然说都是犯罪，但也分成冷血杀人、利用人性弱点的诈骗、临时起意的顺手牵羊、自我毁灭的药物犯罪、酒后开车以及组织内部的不法行为等，其种类之多样，无法简单地一概而论。犯罪行为不仅是个人的问题，也是一个时代与社会环境变化下不能忽视的问题。这是因为在犯罪发生之前，必定有众多错综复杂的因素。

　　本书针对上述五花八门的犯罪，从各个观点或角度广泛地挑选内容，尽量以最平实简单的方式进行解说。

首先，我们要从对于犯罪最容易产生的疑问开始思考（第一章），接着深入了解杀人、诱拐、欺诈等各种犯罪心理（第二章），了解误入歧途的少年心理（第三章），了解为防止犯罪所采用的策略（第四章）和如何让犯罪者回归社会（第五章）。最后，还将概述犯罪心理学的历史和成果（第六章）。

　　现代社会正处于巨大的转变期，我们可以发现，随之而来的犯罪心理和犯罪倾向正在逐渐转变。借由获得更多的知识，我们才能屏除对于犯罪或犯罪者的刻板印象，以客观、科学的角度去理解犯罪者。与此同时，如果本书能让大众开始思考我们在防范犯罪行为上所能采取的对策，那将给我们带来莫大的喜悦。

福岛章/PHP研究所

CONTENTS
目 录

找 出 心 中 的 怪 兽

1
Chapter / 第一章
人为什么会成为犯罪者?

2
Chapter / 第二章

引起各种犯罪的不同的心理层面

3

Chapter / 第三章

造成青少年非行的是环境还是本质使然？

5 Chapter / 第五章

罪犯能够重返社会吗？

4 Chapter 第四章

有可能防范犯罪于未然吗？

6 Chapter / 第六章

犯罪无法根除吗？
让我们来翻开犯罪研究的历史

解读当时事件与犯罪者专栏⑧

小林　薰 / 184

1
Chapter

第一章

人为什么会成为犯罪者？

每个人的心里都潜藏着犯罪因子吗？

不论罪犯，还是普通人，都是犯罪心理学研究的对象

● 借由犯罪者的行为释放自己累积的不满情绪

我们为什么会对犯罪者或犯罪行为产生好奇或者给予关注呢？首先，我们会对犯罪行为以及在社会中属于少数派的犯罪者感到好奇。若我们回溯历史可以发现，日本江户时代的死刑犯必须"在市中心游街示众后再斩首"，这种具有表演性质的行刑方式，现在在人道主义的考量下并不会再次实施，但是在人们的心底，似乎还是渴望能够看到这样的行刑方式。

其次，我们在生活中时常需要和周围的人协调，并且为了经营这样的社会生活，在我们的心里，有些本能上的冲动绝对不能显现在外，于是借由犯罪者的行为释放自己累积的不满情绪。以"凶残的快乐杀人①"和"猎奇杀人"为主题的小说或电影每每都能大卖，或许我们能从这种现象中得到答案吧。

● 犯罪心理学所探寻的人类"本性"

也就是说，我们原本以为早就被理性压抑且永远驱离的人类最原始之性冲动和攻击冲动，其实还隐藏在犯罪当中。换言之，犯罪是人类内心深处的"黑暗面"具体化的结果。

犯罪心理学这门学问，以科学地分析犯罪者和犯罪行为背后的心理，利用所得的资料为刑事侦查以及社会福利做出贡献。除了这个实际功效之外，其目的也包括借由深入研究犯罪者这个群体，找出所有人内心的异常性和本性。

---

① 指为了获得某种快感或心理上的满足与补偿所犯下的杀人行为。

全人类的心中都潜藏着犯罪因子

犯罪者
犯罪现象，也可以说是隐藏在人类内心深处的"黑暗面"具体化之后的行为。

不论罪犯
还是普通人，
都是犯罪心理学
研究的对象。

强烈的好奇心与关注
暗影（黑暗面）的投射（代理满足）

我们（大多数人）

暗影（黑暗面）
压抑在内心深处最原始的性冲动和攻击冲动等。

人为什么会犯罪呢?

素质、生长环境、行为环境之间错综复杂的关系

● 罪犯犯罪是因为遗传吗?

19世纪70年代,意大利的精神病学家龙勃罗梭(Cesare Lombroso)认为"罪犯之所以成为罪犯,是由他们天生而来的素质所致"(天生犯罪人理论)。之后,犯罪是借由血液遗传的"变质论",就在有关犯罪者的生物学研究不断进步下,成为备受世人瞩目的一个论点。

于是,针对产生大量罪犯的家族的研究、比较双胞胎罪犯等类似的研究就此孕育而生。结果,犯罪与遗传之间具有的某种程度的关联性被发现了。

对此,社会学家主张,我们应重视生活的环境要素。举例来说,"贫困的经济环境容易产生犯罪者""在社会传统规范崩坏的转换期,也比较容易发生犯罪行为"以及"社会中的文化倾轧也会导致犯罪行为的发生"等,都是当时社会学家认为应当重视的犯罪因素。

● 在素质与环境的交互影响下造成了犯罪

现在的犯罪心理学主要是从素质与环境两个方面,也就是从各种要素之间的关系中,寻找引发犯罪行为的原因。

具体来说,最重要的应该是什么因素呢?这些因素本身又有什么样的关联性?这些因素之间的排列组合不同的话,是否会产生不一样的化学变化?这些问题的回答依据不同的案件,得到的答案也会不一样。

一般来说,我们认为只要一个人本身的人格就已经有很大问题,即使环境并没有多么恶劣,他也很容易走向犯罪。相反,如果环境很恶劣,即便是原本人格并没有问题的人,也是有可能走上犯罪道路的。

犯罪是在各种因素重叠、交互影响下引起的

先天获得的素质

后天获得而形成的因素

犯罪时的行为环境

出生成长的生长环境

人格 + **环境** = **犯罪行为**

各式各样的人格与环境之间的关联性

- 人格问题很大的话，就算环境问题很小，也会造成犯罪行为。

| 人格问题 | 环境问题 | 犯罪行为 |

- 人格问题很小，环境问题也很小，就不会引发犯罪行为。

| 人格问题 | 环境问题 |

不至于引发犯罪行为

- 即使人格问题很小，只要环境问题很大，也会引发犯罪行为。

| 人格问题 | 环境问题 | 犯罪行为 |

犯罪者和我们有哪些不同？

在某个时间点和场合下，你也有可能成为犯罪者

● 不幸的积累可能会使人误入歧途

不论什么人，我们都无法一口咬定他绝对不会犯罪。例如，曾经有一起案件的罪犯是一位责任感强、像模范生的上班族男士。由于升职的关系，他感觉到责任感加重，甚至不安起来，进而患上了忧郁症，所以他经常与妻子发生争执，最后竟然将她杀害（参阅下一页）。

类似这种情形的犯罪者，我们称为"偶发性犯罪者"或"机会性犯罪者"。此外，因为这种犯罪行为是在偶然产生的心理危机下引发的，所以从这个意义来讲，这种犯罪者又被称为"危机犯罪者"。心理危机中包含了失恋、升学与求职上的挫败、换工作和搬家等环境上的变化、与朋友发生口角、长期累积下来的欲求不满等，数也数不清。所以，我们才会说，任何人都有可能因为各种无法预测的不幸不断累积，最后落入犯罪的黑暗深渊。

● 意志力薄弱的人容易犯罪吗？

若请你想想看，有谁是很容易对事物厌烦、意志力又薄弱的人，你应该可以想出不少人选吧？如果某个人的这种性格十分严重，在心理学中，我们就会说他是意志薄弱者。其实，这也是犯罪者中最常见的类型。他们的共同特征是缺乏耐久性、自发性和主动性。通常他们在学校或职场上都无法稳定地对一件事持续付出努力，在反复退学或换工作的情况下，他们很难构筑起自己的人际关系网和生活圈，同时也很容易受到坏朋友的影响，即使多次入狱，大多数人仍会继续犯罪。

由于他们很容易受到环境的影响，如果能够得到配偶等的帮助，大多数人还是能够金盆洗手，不再犯罪的。换句话说，左右这些人会不会成为犯罪者的因素，就是环境。

上班族精英杀人事件

事件 在外企就职的39岁男性，与妻子发生口角后将其杀害。

遗传、环境 地方望族的二儿子，其祖父患忧郁症，大哥患焦虑症。

性格、气质因素 个性执着（一丝不苟、严谨、工作热心、重视与他人的人际关系等），工作上属于认真奉献型。

事发经过

受到主管大力提拔升职

忧郁症发作

极度劳累，同时失去信心

母亲过世

与妻子发生口角→杀人

由于天生的性格等因素，加上连续发生的不幸事件，最后竟导致了杀人这个最坏的结果。

情绪控制差的人与反社会型人格

凶残的杀人犯难道没有良心吗?

世界上真实存在着缺乏人类情感的犯罪者

● 凶恶的犯罪者难道是"变态"吗?

用一般人的眼光来看是残虐、冷酷无比又凶恶的犯罪行为,却有人能够毫无感情且毫不犹豫地做出来。20世纪70年代,美国有一个连环杀人犯名叫泰德·邦迪(Ted Bundy),他为了自己的欲望杀害了超过30名女性,这一案件震惊全美。而且,一直到执行死刑为止,他都完全没有同情过被害者。在日本犯下连续杀害女性事件的大久保清(参阅第46页)和大阪教育大学附属池田小学儿童杀伤事件的宅间守(参阅第158页)等,都是相同类型案件的作案者。

他们的共同点都是缺少关怀、同情和同理心这些感情,形成了反社会型人格障碍(依据美国精神医学会的《精神疾病诊断与统计手册》)。根据司奈德的精神病质者分类,这类人又被称为"无情的病态性格者"。不过,这类人绝不会只因为这一种性格就容易引发犯罪行为,而是必须同时具有爆发性、缺乏控制力、有很强的自我表现欲等异常的性格倾向,才有可能发展成凶残的犯罪者。

● 甚至连面对自己的死亡都毫不关心

大多数具有反社会型人格障碍的犯罪者,从初期开始就会实施如盗窃、施暴等犯罪行为,接着扩大至杀人、抢劫、强奸等更为恶劣的罪行,不断进行犯罪。而且,他们对于被逮捕和刑罚毫不在意,就像他们不把其他人的生命和情感放在心上一样,对于自己将来的命运甚至生死都不关心。他们能够平静地聆听自己被宣判死刑,甚至平静地前往行刑场,这就是他们对于自己的痛苦毫无感知的表现。

対他人的情感与社会规范毫不在意的一群人

反社会型人格障碍
和无情的病态性格者的特征

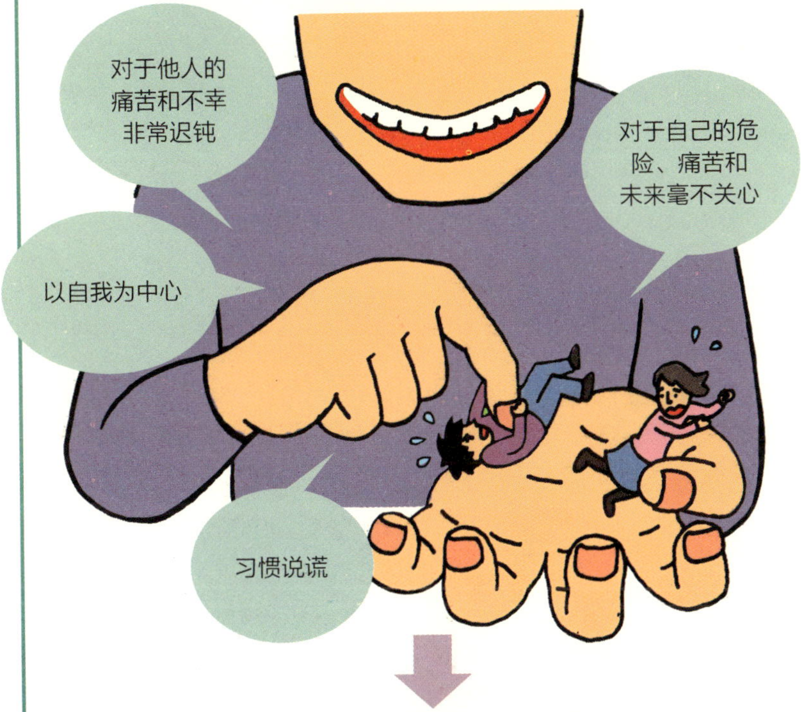

对于他人的
痛苦和不幸
非常迟钝

对于自己的危
险、痛苦和
未来毫不关心

以自我为中心

习惯说谎

由于他们不在意社会规范，
所以容易不断地与周围的人发生摩擦或冲突。

当他们有犯罪经验后，就很难再进行治疗或再教育了。

心病会引起犯罪吗？

绝不是"因为是心生病的人所以才会犯罪"

● 请注意我们自己隐藏的偏见和歧视的情感

似乎我们只要在犯罪报道当中听到"犯人曾有精神科的就医记录"，就忍不住会有"是不是只要患有'心病'的人就很容易犯罪"的想法。实际上，虽然的确有的犯罪是因为罪犯患有精神障碍而起的，但那终究只是罪犯犯案的一个原因。所以，我们不能把所有的精神病患者都当作危险人物来看待，这是错误的。类似这样深信不疑的想法，正是助长偏见和没有根据的歧视的原因。因此，我们必须冷静地从科学的角度对患有心病的犯罪者进行研究分析。

● 心病最容易引起的犯罪行为是什么？

在此，我们以最具代表性的心病——精神分裂症和忧郁症为例进行说明。

首先，以精神分裂症来说，曾患有精神分裂症的患者，因为产生了幻觉和妄想，以为自己受到严重的迫害，确信自己有被杀害的危险。于是，在这样的妄想中，他出于保护自己的本能而实施了杀人、伤害、纵火等犯罪行为。甚至还有患者受到幻听的胁迫，被幻听的内容命令而去杀人的例子。

即便是没有妄想症状的精神分裂症，也曾经有案例证明患者因为不安和冲动亢进的关系，会犯下大众无法理解的罪行。其中最为常见的，发生在十分依赖家人的患者身上。原本的依赖性因不满和争执等感情上的纠葛转变成了攻击性，最后发展成对家人施暴、伤害，甚至杀戮。

另一方面，忧郁症则是患者在极度压抑的状态下，可能会因为强烈的自杀想法而实施犯罪。例如，有的患者因为抱有莫名的罪恶感，自以为患有重病，在不安、苦闷与绝望感中钻牛角尖而想到自杀，甚至悲观地看待家庭的未来，擅自带全家集体自杀等。

由精神病患者引发的犯罪只是冰山一角

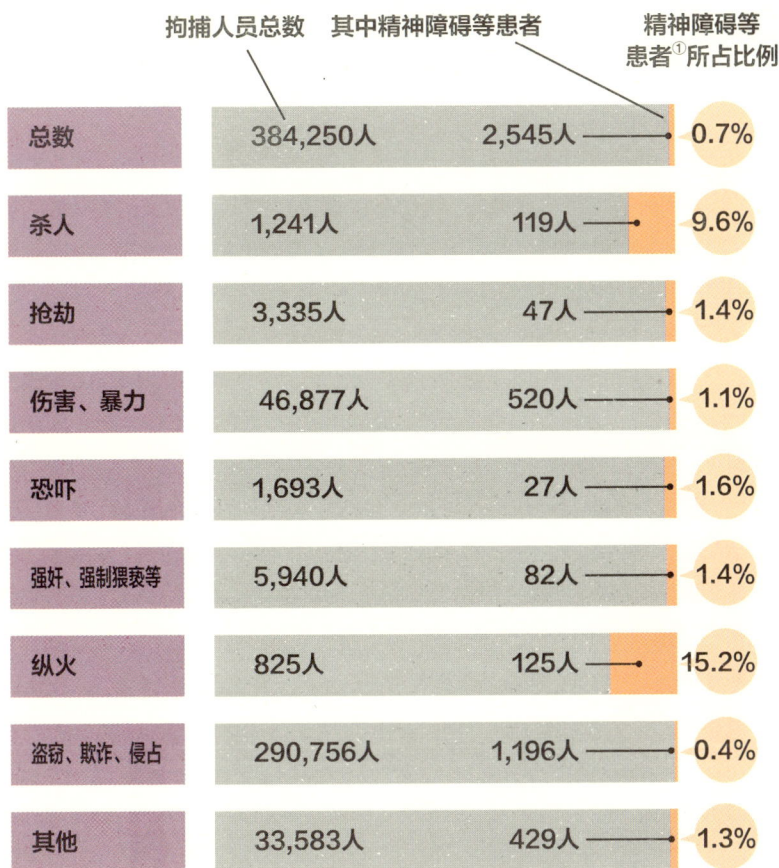

	拘捕人员总数	其中精神障碍等患者	精神障碍等患者①所占比例
总数	384,250人	2,545人	0.7%
杀人	1,241人	119人	9.6%
抢劫	3,335人	47人	1.4%
伤害、暴力	46,877人	520人	1.1%
恐吓	1,693人	27人	1.6%
强奸、强制猥亵等	5,940人	82人	1.4%
纵火	825人	125人	15.2%
盗窃、欺诈、侵占	290,756人	1,196人	0.4%
其他	33,583人	429人	1.3%

精神障碍患者的犯罪比例绝对不高。

① "精神障碍等患者"也包含罹患精神障碍疾病疑虑的人。此外，所谓精神障碍患者是指精神分裂症、中毒性精神病、智能障碍、精神病质和其他精神疾病的病患，经由精神科专科医师诊断并接受过治疗及保护的对象。

出处："精神障碍患者等一般刑法犯：依罪名对拘捕人员分类"（《平成十九年版犯罪白书》）

如果是因为生病而犯罪就不算犯罪吗？

责任能力的有无该如何认定？

● 犯罪时的精神状态将成为关键

在重度精神障碍下出现的行为不会被问罪。在日本刑法第39条中明文规定，"精神失常者之行为，不罚"。在确定一个人的罪名之前，必须先思考这个人"是否具有责任能力"。

所谓精神失常，是由于精神上的障碍导致无法判断自己行为的是非善恶，或者在无法控制自我行动的状态下，受到精神分裂症、忧郁症或重度智能障碍的影响而犯下罪行的情况。精神失常者不论犯了什么样的罪都不会被起诉，也不会被定罪，但会成为医疗与观察的对象。

精神衰弱（或低能或弱智）的人，虽然具有判断能力和控制能力，但是他们因为精神障碍的关系导致判断力和控制力比一般人都差。因此，他们的罪行会被减轻，但必须接受治疗。

● 精神鉴定不能只用一般的方式处理

为厘清重大案件的责任归属而实施的精神鉴定，是为了判断犯罪者是否具有责任能力。但是精神鉴定的对象，实际上是看不到且触碰不到的人类心理，因此，并不能够清楚地得到解答。即使精神科学者之类的临床研究人员将其知识和经验全部搬出来，每每还是会得到多种鉴定结果。得到的结果也不能十分清楚地断定哪个答案是正确的，而其他答案就是错误的。这就是精神鉴定的宿命，或者说这是精神鉴定的本质。

精神鉴定的结果通常能左右一个犯人的生死，因此正确的判断是很重要的。但是，是否采用精神鉴定的结果，其决定权必须在法官手里。

犯罪者的责任能力

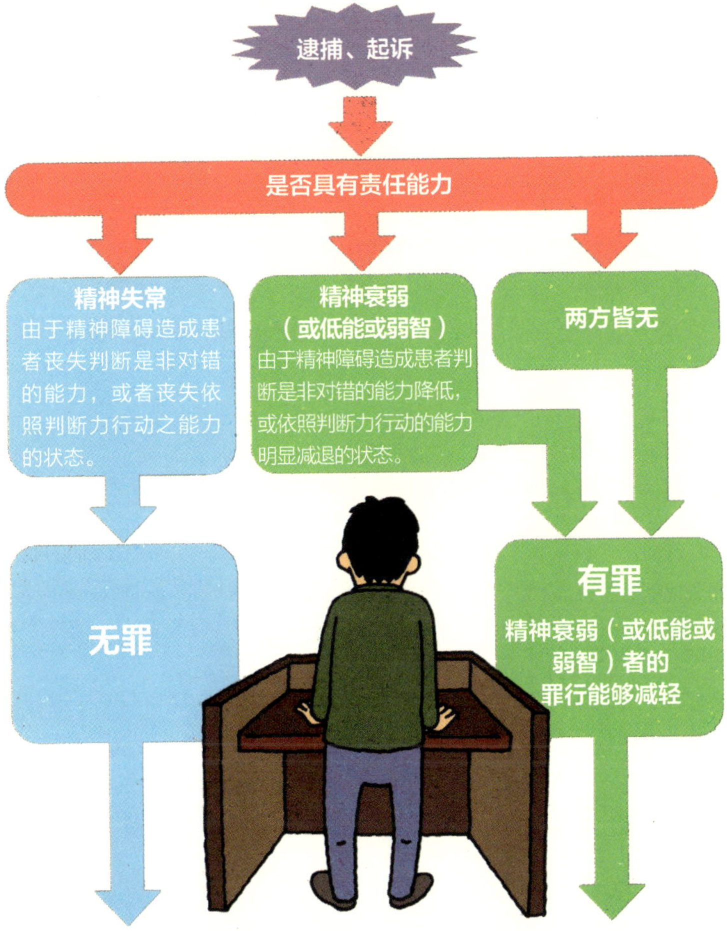

逮捕、起诉

是否具有责任能力

精神失常
由于精神障碍造成患者丧失判断是非对错的能力，或者丧失依照判断力行动之能力的状态。

精神衰弱（或低能或弱智）
由于精神障碍造成患者判断是非对错的能力降低，或依照判断力行动的能力明显减退的状态。

两方皆无

无罪

有罪
精神衰弱（或低能或弱智）者的罪行能够减轻

- 强制住院（最长6个月）等。
- 遇到重大刑事案件的时候，应依据法官与精神科医师之合议，判以住院治疗或定期复诊的医疗观察处分（也包含因心神耗弱而减轻刑罚的犯罪患者）。

- 依照判决处以惩役、死刑等刑事处罚。

年幼时期的体验会成为犯罪的秧苗吗？

缺乏关爱或遭受虐待，会成为心里难以抹去的伤痕

● 缺乏关爱的孩子心中的空虚与绝望

婴儿在出生后，除了从母亲身上获得食物（母乳）之外，也会得到爱和安心感，体验到尽情撒娇的满足，于是开始对世界产生基本的信赖。此时，如果没有获得母亲的关爱，反而被送往孤儿院或者发生其他状况（母爱被剥夺），有可能会造成孩童的心灵被空虚感和绝望所占据。这样的孩子很容易产生精神方面的疾病，有的人还会在补偿心理的驱使下行窃，或者将自己无处宣泄的愤怒与怨恨诉诸暴力。

此外，如果在幼儿期充分感受到了母亲的疼爱，但导致和父亲非常疏远的俄狄浦斯情结（恋母情结）没有完全消除的话，将来很可能会成为诱发精神疾病的原因。

● 虐待也有可能导致暴力的延续

虐待也会对孩子的心理造成非常大的伤害。除了拳打脚踢这类身体虐待、性虐待、言语上的虐待以外，在衣食住行方面不负责照顾孩童的弃养行为（Neglect），也是一种虐待。这些虐待不但可能成为导致孩童身体上、精神上发育迟缓的原因，也有可能在孩子长大后发展成创伤后应激障碍（Post Traumatic Stress Disorder，简称PTSD）或分离性障碍（Dissociative Disorder）等各种问题行为的肇因。而我们目前已经可以确定的是，凶残的犯人大多都有被虐待的经历。

而且，这些在暴力环境中长大的孩童为人父母时，有的也会虐待自己的孩子。也就是说，他们会在无意识中强迫性地将自己的被虐经历在下一代的身上重演。

对于幼童来说，面对出生后首先会遇到的人，只能完全性地依赖，但是双亲的态度如何，将成为左右孩子将来是否会成为罪犯的主要因素。

刻在心灵深处的伤害不会消失

性虐待

双亲不睦
或离婚

号称管教
的暴力

严格又冷酷
的养育态度

缺乏母爱

弃养

对于人格的形成会
造成极大影响

会成为将来
违法或犯罪的要素

- 不相信自己的价值，引起自杀
  等自我毁灭的行为；
- 用攻击他人来发泄自己对双亲
  的愤怒；
- 心里的缺憾利用反复偷窃等方
  式来弥补。

心灵或身体的发育迟缓
- 无意识中累积很多罪恶感
- 产生无法宣泄的恨意与愤怒
- 对于撒娇的欲求不满

是社会引发人们犯罪的吗？

犯罪是由社会所导致的，并使其不断变化

● 犯罪是社会构成的要素吗？

从古至今，应该没有一个社会不存在犯罪吧？但是，犯罪是人类的本性吗？或者说，社会结构中潜藏着孕育犯罪的机能吗？法国的社会学家迪尔克姆认为，一定程度的犯罪量属于正常的社会现象，而且也主张犯罪是隐藏在社会内部、帮助社会发展的必要能量。

如果犯罪是社会现象之一的话，应该也会像流行、习惯和文化等其他社会现象一样，传播并且扩散出去。根据美国犯罪学家肖（Shaw）和麦凯（McKay）做的调查，都市的犯罪率在有些地区比较高，而且这样的情形即使过了好几年也不会有太大变化。但是，住在该地区的人每年都会有些变化，于是我们可以合理地怀疑，犯罪应该是借由集团或人来传播和扩散的。

● 现代社会充满帮助犯罪扩散的工具

近年来日本的重大案件，可以说几乎都是由模仿犯罪者所犯下的罪行。换言之，诸如此类的犯罪之所以会扩散，是由电视等媒体的犯罪报道造成的结果。此外，像这种具有能够让一个平凡的人在一夜间受到世界瞩目的电视新闻或其他新闻报道，对于那些本身有自我表现欲（"想要向社会表现自我"）的犯罪者来说，无疑是一种吸引犯罪（剧场型犯罪）的工具。由于现在网络和手机等提供信息的方式不断进步，有关犯罪的讯息能在同一时间让更多的人更快、更广、更详细地获得，于是便造成了模仿犯罪的概率不断提高。

当然，就算真的接触到犯罪集团或犯罪报道，大多数人也不会因此变成犯罪者。那么，会犯罪和不会犯罪的人的差别到底在哪里？关于这个问题，到目前为止，我们还没有找到答案。

犯罪行为是由人传人扩散开来的

有些集团或地区特别容易受影响

都市中犯罪讯息传播的机会很多

有些罪犯模仿的对象来自电视或杂志的报道

犯罪行为能够被学习

认同犯罪"楷模"（很帅、令人兴奋等）

但是犯罪行为并不会对每个人都造成影响。
（如何分辨会模仿、学习犯罪的人和不会这么做的人？）

何谓正义？何谓邪恶？

"犯罪与否"并不等于"正义或邪恶"

● 为了正义而犯罪

2001年9月11日，在美国境内同时发生的多起恐怖袭击事件，是由极端分子以"正义之战（圣战）"为名发起的行动。其后引起的伊拉克战争，对美国来说也是一场为"正义"而战的战争。由此可知，只要思想信仰、社会体制、个人的伦理不同，一般人眼中所谓的"正义"，也有可能变成完全对立的结果。

但是，当论及犯罪的时候，问题不在于它到底属于正义还是邪恶，就像违章停车和把捡到的东西据为己有也都违法一样，是否违反法律的规定，才是区分是不是犯罪的评量点。

● 为维护自己的信念而犯罪

我们将某些为了自己在伦理或思想信仰上的信念而实施犯罪行为的人称为"确信犯"，他们为了实现自己"远大的理想"，认为犯罪只是一种不得不这么做的手段。

例如，1971—1972年间由联合赤军所犯下的一连串私刑杀人事件（参阅第49页）、1995年由奥姆真理教引起的东京地铁沙林毒气事件（参阅第126页）等，都属于由确信犯引发的犯罪。这些确信犯具有相同的特征，即就算被逮捕，就算要接受审判，也不会后悔。一般而言，这是因为他们想通过审判和媒体报道来宣传自己的信仰。

关键词 —— 忠臣藏的正义

《忠臣藏》是一个到现在仍然很受欢迎的复仇故事。主角忠臣藏原本是一名罪犯，但是，不论什么样的昏君，为其复仇仍是臣下之忠，在这种"正义"下，忠臣藏受到很多人的喜爱。从这里我们可以看出，犯罪不完全等于邪恶的微妙关系。

当确信自己的行为出于正义的话，
就算犯罪也在所不惜

坚定的信念
——绝不屈服

远大的理想
——燃起使命感

使命!!

犯罪也是
不得已的事
——颠覆价值标准

罪恶感

为达成目的
不择手段的
"勇气"

对被害者的
同理心

暗杀、恐怖攻击、
暴行、伤害等

被称为"确信犯"的人，对自己的信仰
"矢志不渝"，就算犯罪也在所不惜。

"犯罪"到底是什么？

判断犯罪成立的三个要件

● 犯罪是由法律制定的

犯罪的定义有很多，其中之一，就是违反法律就要受到惩罚的行为。因此，并非所有社会大众或你所想象的"坏事"全部都是犯罪，当然根据国家和地区的不同，也会有所区别。此外，随着时代的更迭，也有可能会发生改变。例如，日本曾经将外遇和不伦关系下所发生的性行为确定为"通奸罪"，但是自1947年修改刑法后，这类行为就不再属于犯罪行为。

即便是大众都认为绝对算得上犯罪的行为，以杀人为例，也不会全部被问罪。这是因为如果行为人行凶是为了正当防卫，或者在行凶时精神失常，就不会因为杀人而必须负法律责任。

● 犯罪种类在持续增加

犯罪也分"法定犯罪"和"自然犯罪"两种。所谓自然犯罪是指，不论时代和场所如何，无须等待法律制定完成，该行为本身马上会被大众本能地认为是反社会的行为，例如杀人、纵火、抢劫和偷窃等。

而法定犯罪是指，该行为本身与其说它是反社会的行为，不如说是因为法律制定后才被当成犯罪，像道路交通违规、药物取缔违规等都属于法定犯罪，而且随着国家和时代的改变，会产生较大的变化。

现在，日本有超过700条刑罚法规，依法规总共有1000种以上的犯罪。随着社会变得日益复杂，犯罪的数量也在不断增加。例如，由于网络和计算机逐渐普及，产生了类似黑客的网络犯罪等新型犯罪。与此同时，因为国际性的交际频繁，跨国的犯罪也在增加。

在法律层面，判断犯罪成立的三个要件（犯罪的界限）

要将一个人定罪的条件

①
符合"犯罪"条件的行为（构成要件该当性）

丑时（凌晨一点到三点）诅咒小人的行为由于不算实际杀人，所以不属于犯罪行为。

即使杀了人，若是正当防卫则不算犯罪。

②
其行为违反法律规定（违法性）
弃置幼儿导致死亡时，因为实属可预测之结果，因此犯罪行为成立。

③
行为人具有法律责任（有责性）
若由于没注意到前方路况导致开车碾过行人的，属于犯罪行为（过失罪）。

即使杀了人，若行为人被判定为精神失常则不属于犯罪行为。

不过，对于犯罪心理学（精神医学）来说，要件③的有责性才是最重要的。

永山则夫

——连续射杀事件（1968—1969）

在悲惨的生长环境下长大成人的杀人犯，
是什么原因促使他开始写文章的？

● 从连续枪击杀人魔变成死刑囚作家

　　1968年10月，永山从日本横须贺美军基地偷出一把手枪，分别于当月11日在东京、当月14日在京都，射杀了上前探查他是否为可疑人物的警卫。接着又于10月26日在北海道函馆附近的郊区、11月5日在东京，将所搭乘的出租车上的司机枪杀并抢夺现金后逃逸。第二年4月，他在东京原宿进入某建筑物搜寻财物时，被巡逻警卫发现后开枪逃逸，直到数小时后才被警察以现行犯逮捕。

　　永山出身于北海道网走市一户贫穷人家，年幼时遭到生母弃养、被兄长施暴，也没有好好接受教育，就这么长大成人。中学毕业后以"金之卵劳动者"①的身份到东京集团就职②，最后还是变成了连续偷窃、偷渡和赌博的少年犯。他在犯罪时所显现出的心理特征是沉重的绝望感、强烈的自杀愿望、压抑的情感和猜忌、掌握现实能力低下以及亢奋无法控制的攻击冲动。

　　由于他在被逮捕后的精神鉴定中，表现出以无情的心理病态为主要症状的精神病质（反社会型人格障碍），所以被认为应具有完全责任能力。但也有

---

① 意指日本昭和时代（战后时期）支撑着国家经济高度成长的年轻劳工。由于日本在1948年延长了国民义务教育，自学制改革后，从1945年战后起产生了很多"高中毕业的金之卵劳动者"。
② 指未就业者（或新毕业生）以集团方式，前往特定地域就职。盛行于日本经济高度成长时期。

人认为，他是在心智发展未成熟的状态下行凶，应当被认定为精神衰弱（或低能或弱智），于是对于他的判决迟迟无法下达，他的判刑也一直在死刑与无期徒刑之间摇摆。最终，1990年4月，最高法院驳回了他的第二次上诉，以死刑给他定罪。在此期间，连读书写字都没有好好学的永山在拘留所内自修，居然脱胎换骨成为一位拥有众多书迷的作家。

他在狱中觉醒，在此审视自己的过去。

● 他因为什么开始动笔？

让永山"觉醒"的，其实是当时在安保斗争①中被拘留在狱中的众多学生运动家。他在狱中学习的是这些学生运动家带来的社会科学（马克思主义）理论，从读书写字开始重新学起。永山贪婪地阅读有关思想的书籍，在与法庭的长期争斗中，慢慢让自己成长，成为"写书的人"。永山于1971年在狱中发表的手记《无知的泪》成了畅销书，1984年又以《木桥》一书获得新日本文学赏的奖项，这代表着他身为作家的身份已经得到认同。

● 他应该被判处死刑吗？

透过永山的作品，大众加深了对他的认识，同时从中也可以发现他对被害者的歉意与想要赎罪的意念。然而到最后，他仍然没有办法构筑起属于自己的人际关系，还是不断地与自己的支持者和辩护律师发生冲突。1998年8月1日，永山被处以死刑。

①1959-1970年间，由于反对《美日安保条约》，日本发生了两次由劳工、学生和市民发起的大规模的反政府与反美运动，在激烈的运动中曾发生了不少冲突与暴动。

酒会驱使人们犯罪吗？

饮酒使人心情愉快，但是一旦过量就会有危险

● **异常性醉酒造成的犯罪有时也属于精神失常或精神衰弱**

醉酒后，自我控制力会降低，情绪会变得比较激动，这样的情况，大家多少都有一点儿印象吧？当醉酒的状况加剧，有时还会发生半恶作剧似的偷窃、纵火、轻度性犯罪、暴力犯罪等。这是由于当事人在醉酒后，会将平常过度压抑的冲动一下都宣泄出来。更有甚者，如果因此将无意识中产生的各种欲望或自卑感行动化，出现异常性醉酒（复杂性醉酒或病理性醉酒）的状况时，可能会导致当事人实施杀人、伤害、无目的性的抢劫、强奸等犯罪行为，即醉酒以后陷入"变了一个人"的状态。这些行为都是由本能引发的行动，没有任何合理的动机。

异常性醉酒结束后，当事人几乎会忘记醉酒时的所有事情，曾有一段时间，异常性醉酒甚至被当作精神衰弱和精神失常来审判。

● **酒精依赖与酒精中毒所引发的犯罪**

人一旦对酒精产生依赖，就会变得一天无酒都不行，造成酒量上升（耐酒性增强），出现失眠、不安、忧郁等戒断症状（脱瘾症状）。与此同时，意志变得薄弱，丧失了热情、耐力，造成家庭瓦解、失业等结果，或者为了酒和生活费的需要而不断行窃。

因酒精中毒而造成的"酒精性精神病"是个很大的问题。曾经有一个案例是丈夫妄想自己的妻子有外遇，就杀害了妻子（酒精性妄想症）。此外，还有人的状况是好像清楚地听到有一大群人在他四周被屠杀或拷问而发出了尖叫和悲鸣声。长期受到此幻听的影响，当事人为了逃出那个恐怖的环境，以致做出为了自我防卫而加害于他人的行为（酒精性幻觉症）。

受到酒精作用影响而引起的犯罪

急性酒精中毒
（醉酒）

第一阶段

渐渐无法控制自己
例如：动手殴打平常就很看不过去的上司等。

第二阶段

压迫感解除（平常没有意识到的欲望转化为行动）
例如：将潜在的冲动转化为行动等。

第三阶段

人性消泯（表现出也算是本能的非人性行为）
例如：不知就里的抢劫、杀人等。

慢性酒精中毒

酒精依赖

●不喝不行
●活力（意志、知性、感情等）降低产生疏离感，对社会的恨意加剧，也有因此而杀人或纵火的案例。

酒精性精神病

●产生妄想或幻觉
●因意识不清或强烈的不安而痛苦
曾发生过因妄想和幻觉引起杀人和伤害的事件，被称为酒精性妄想症和酒精性幻觉症等。

日本人的犯罪中最多的是哪一种？

基本上，日本算是一个犯罪率比较低的国家

● **虽然盗窃案居多，但是凶残犯罪极少**

由于各国对犯罪的定义不同，我们很难做缜密的比较，但是如果比较英国、德国、法国、美国和日本这五个国家在 2005年的犯罪发生率（将确认件数①中的人数换算成每10万人口发生的比值），英国是10,405，德国是7,747，法国是6,235，美国是3,899，而日本是1,776。显而易见，其中日本的犯罪率最低。如果以杀人罪来说，英国、德国和法国都在2.9~3.5之间，美国是 5.6，日本则是 1.1。由此可以看出，日本凶残犯罪的比值明显较低。

此外，若从犯罪种类来看日本的犯罪，其中盗窃最多，占刑法犯全部确认件数的 53.3%，之后分别为交通肇事和过失②、违反道路交通管理处罚条例以及刑事毁坏（2006年的数据）。

日本的犯罪情形比欧美少的原因，应该源自日本独特的文化习惯和背景吧。

● **富庶的另一面隐藏的是不断增加的"游戏型犯罪"**

在日本的犯罪倾向中最引人注意的，就是游戏型犯罪数量的增加。而且还有个明显的现象，就是只为追求刺激而伙同他人一起顺手牵羊，或者是没有明确动机甚至"没有"动机的犯罪。现在不仅专属于青少年，连成年人的犯罪中，也可以看到这种类型犯罪的比例正在逐渐攀升。在已经摆脱贫困进入富裕年代的日本，说不定犯罪已不只是人们在生理上或财产上有所需求才会采取的行动，而是渐渐成为一种"游戏"。

"犯罪游戏"可以说是现代社会根深蒂固的病态现象，说不定它正是足以动摇号称低犯罪率日本的现状的危机。

---

① 警察从被害者提出的申请书或诉状确认犯罪发生的数量。
② 与道路上的交通事故相关的肇事过失致死伤和重大过失致死伤。

日本犯罪率低的六个理由

1 比起美国等其他国家，日本国内由于种族比较单一，所以整体意识造成的满足度较高。

2 对家族、职场、地域的归属意识较强，不能让"家庭""村落"蒙羞的规范意识也比较强。

3 认为不能自由拥有枪炮刀剑类武器是一件值得庆幸的事。

4 每个地区都具备健全且严密的巡逻制度。

5 具有农耕民族特有的无攻击性。

6 由于电视普及等带来的信息进步，强化了大众的同理心和整体感。

但是，随着社会情况的变化，有些因素正在逐渐消失。
此外，由富裕导致的现代日本犯罪（游戏型犯罪等）正在增加。

女性最容易犯的罪是哪种？

女性杀人案件中最多的是弑子和杀夫

● **女性犯罪者大约占总犯罪人数的两成**

2006年，在日本一般刑法犯[①]检举的总人数中，女性的比例为21.2%。据说原本在奈良时代以前，女性在总犯罪人数中的比例要少于一成。但是在第二次世界大战后男女平等和女性走入社会的观念普及以后，女性犯罪的比例逐渐增加，到了1962年首次突破了10%，而且自1986年以后突破20%的年份也在增加。即便如此，比起男性来，女性犯罪还是相对较少，原因可能是体力差别、传统的性别工作分担、文化方面的问题等。

女性的犯罪行为中，盗窃占70.2%，占压倒性多数（男性犯罪中，盗窃占43%），其中81%是顺手牵羊（2006年的数据）。女性杀人只占全部杀人案件中的二到三成，其中相当大一部分是弑子和杀夫。而且，大多数为初犯，主要是由育儿引起的神经衰弱症（产后忧郁症等）造成的犯罪。

从前，女性犯罪最大的特征是被动的、激情的。这是因为相对于男性来说，女性的生活形态比较被动和充满依赖，如果遇到自己无法解决的纠葛，有可能会因为被逼得走投无路而走上犯罪一途。

● **"每一桩犯罪，背后都和女性有关"，这是真的吗？**

从前就一直有一种说法：每当有一名男性犯罪的时候，他的犯案动机或犯案背景中，一定都有一名女性扮演着重要且决定性的角色，换言之，"每一桩犯罪，背后都和女性有关"。当然，这种说法也有可能是因为犯罪者压倒性都是男性而推导出的。在现在的女性犯罪中，"每一桩犯罪，背后都和男性有关"的例子也在逐渐增加。

---

① 在所有的刑法犯人数中，扣除与道路交通事故有关的犯罪人数后得到的结果。

女性的犯罪倾向和男性不同

男性   女性

逐渐增加

多为顺手牵羊、盗窃、侵占、伤害等小罪。

母亲弑子的心理

生产后心理和身体的变化

产后忧郁症、育儿引起的神经衰弱症、照顾孩子的辛劳、对将来的不安、在自杀之路上带个同伴、孩子的存在是个妨碍等。

在只有孩子和自己两人的封闭状态下，产生了巨大压力

冲动性杀人

关键词 —— **代理型孟乔森症候群**

　　这是一种特别容易发生在母亲身上的心理疾病。她们常饰演干练的母亲，努力养育受伤的孩子以获得周围朋友的同情。为此，她们不惜伤害自己的孩子。虽然她们伤害孩子的目的并不是想要危及他的性命，但是如果继续伤害的行为，有时也会发生危险（对象也有可能是配偶等）。此外，孟乔森症候群是一种会假装自己生病或受伤的心理疾病。

高龄者的犯罪动机

因为孤独、因为生活痛苦、因为被照顾很痛苦……

● 高龄者犯罪正在增加

高龄者的犯罪正在急速增加中。这不仅是因为高龄化社会造成高龄人口的比例在增加，还与高龄者人口中本身的犯罪率也在增加有关。

1975年，60岁以上的犯罪人口比例只有总人口的2.7%，但是到了2006年，这个数字就已经上升到了17.5%。从犯罪类型来说，像顺手牵羊之类的盗窃犯罪和侵占别人放置的自行车等侵占放置物品罪总共占九成，而使用暴力的粗暴犯罪和杀人罪也有增加的趋势，其中半数是到了高龄才第一次犯罪的"迟发性、突发性犯罪"。

● 高龄者发生了什么变化？

以前的高龄者，因为精力和体力的衰退，从经验和常识来看，都知道犯罪对他们来说是"吃力不讨好"的事情，所以很少犯罪。而现在高龄者犯罪之所以会增加，有人觉得是因为现在大部分老年人就算年纪大了，身体也一样硬朗。如果就每个单独事件来审视的话，可以发现与高龄者相关的案件中浮现出的问题点。

造成偷窃的动机有七成都以利欲为目的。但是，某些高龄者犯罪是因为一个人生活时产生了孤独感，失去了归属感，为了引起大家的注意才犯罪，还有的高龄者甚至为了见到平常见不到面的家人而实施犯罪。在高龄者杀人案件中，最需要注意的是，高龄者由于看护的疲累，还会引发夫妻之间的杀人犯罪。通常情况下，犯人在犯案后会自杀（未遂）或者自首。

造成高龄者犯罪主要的共同原因是，独居或老夫妻两人独居这种因家庭组合的变化形成了对社会接触的孤立感，经济与社会福利问题也与此有关。此外，因年老产生的轻度精神障碍引发的冲动也是高龄者犯罪中非常重要的原因。

正在增加的高龄者犯罪（一般刑法犯被检举人员年龄组成的比例演变）

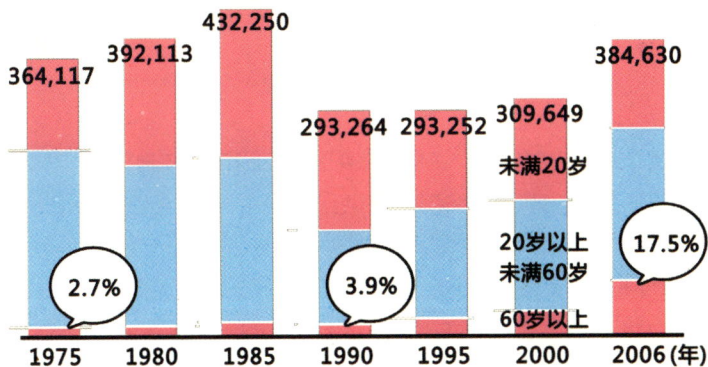

364,117　392,113　432,250　293,264　293,252　309,649　384,630

未满20岁

20岁以上
未满60岁

60岁以上

2.7%　3.9%　17.5%

1975　1980　1985　1990　1995　2000　2006 (年)

依据《平成十九年版犯罪白书》制成

高龄者犯罪增加的时代背景

与社会分离

判断能力降低

没有消除内心纠葛
和解除压力的场所

经济上穷困的人数增加

高龄人口增加

为什么无法杜绝酒后驾车的行为？

即便加重惩罚，"我也不在乎"

● **酒后驾车造成死伤车祸的，必须严厉处理（判处15~20年刑罚）**

酒的成分酒精具有抑制脑部活动的作用，因此酒后我们的感觉会变得迟钝，注意力也会下降。不仅如此，判断能力和瞬间反应能力也会变弱。因此，酒后开车肇事的概率高也是必然的。为了防止酒后驾车肇事的危险，日本在道路交通管理法中将酒后驾车（包含骑摩托车等）明确定为"犯罪"的行为，倘若酒后驾车造成人身意外事故，最重可处肇事过失致死以上的危险驾驶致死罪（最多可判 20 年刑罚）。

此外，酒后驾车也分为醉酒驾车和带酒气驾车（依酒精程度而定）。不论是哪一种，都可能被处以3~5年以下刑罚以及50万~100万日元罚金，同时吊销驾照或驾驶证扣分的行政处罚。

放任驾驶者喝酒的人或者默认者，同样也违反了道路交通处罚条例，在刑法上同属共犯，可能被处以教唆罪或帮凶罪。

● **酒后驾车也会使你变成如小偷和杀人犯一般的"犯罪者"**

自日本平成十九年（2007年）起实施酒驾严罚化以来，酒后驾车的情况确实降低了吗？我想，抱着"只要不被发现就好""只要不肇事就没问题啦"这种心态的人应该不在少数。这就是显示每个人心中认为的"邪恶"与"犯罪"之间有区别的最好例子。

日本对喝酒这件事是比较宽容的，对于"发酒疯"和"喝酒应酬"，也有比较宽容的意识。但是对于"没有车等于没有脚"或是住在偏远地区的人来说，从酒后驾车会造成的严重后果来看，酒驾是绝对不能允许的行为。

酒后驾车的心态

只要一下就到家啦

绝对不会想到会不会撞到人

只要不被抓到就好（罪恶感淡薄）

认为自己酒量很好一定没问题

在日本酒后驾车将受到的刑罚

带酒气驾车→3年以下刑罚并处50万日元以下罚金
醉酒驾车→5年以下刑罚并处100万日元以下罚金
危险驾驶致死伤罪→最多20年刑罚

关键词 ●—— "酒后驾车严罚化"所产生的问题

　　日本在2007年实施了酒后驾车及酒后驾车肇事加重处罚之严罚化对策，但是似乎使得为逃避严罚的肇事逃逸之类的事件增加了不少。此外，也有人指出，过重的刑罚可能会破坏酒驾后肇事与其他犯罪的刑罚之间的平衡。

凶残的犯罪行为不断增加的原因

留意过于煽动的报道

● 凶残犯罪增加只是错觉

最近，似乎有不少人觉得凶残犯罪的案件突然增加了很多。这可能是因为，只要一发生凶残犯罪的案件，新闻频道和 Wide Show① 就会连日报道，报纸和杂志也会以相当大的篇幅进行报道。事实上，以杀人为首的各种凶残犯罪并没有增加。

只要观察凶残犯罪（如杀人、抢劫、纵火、强奸）已确认件数的变化就可以清楚地了解到，除了抢劫以外，大致来说，发生的件数不是持平就是减少了。

此外，虽然说犯罪有凶残化的倾向，但其实凶残犯罪以前只是偶尔发生而已。为了提高收视率和发行量，新闻频道或报纸对于这种能够吸引大众目光的凶残犯罪会大肆地详细报道，但是对于犯罪率降低这种新闻就不会特别报道。我们平常只能看到在媒体版面上喧嚣一时的犯罪，于是很容易被媒体导入的印象所蛊惑。美国有一位犯罪专家曾说："国民看的不是统计数字，而是电视。"

● 比较相隔30年的凶残犯罪事件

例如，1999—2001年这三年间，日本发生了池袋过路魔杀人事件、桶川市跟踪者杀人事件、新潟县少女监禁事件、大阪教育大学附属池田小学儿童杀伤事件以及世田谷一家杀人事件。但是1969—1971年间，也发生了永山则夫连续射杀事件、日航淀号劫机事件和大久保清连续杀人事件，1971—1972年还发生了联合赤军私刑杀人事件等。所以，并不是现在的犯罪有特别凶残化的现象。在思考犯罪进化的特征时，光凭印象绝不是正确的判断方法。

①日本独特的电视节目形态，白天的 wide show 以妇女为对象，内容以爆艺人八卦新闻和读者来信诉苦为主要内容。为了与时事新闻节目区别，wide show 播出的新闻以娱乐为主。

凶残犯罪没有增加（过去20年已确认件数的变化）

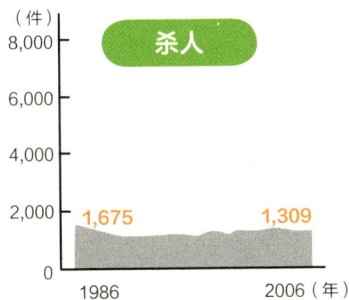

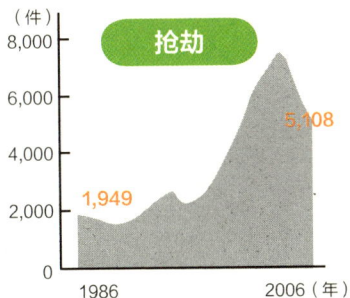

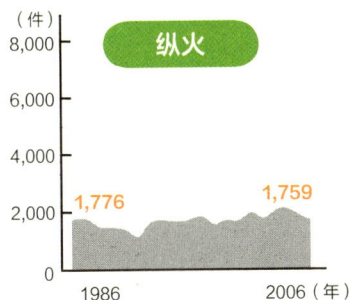

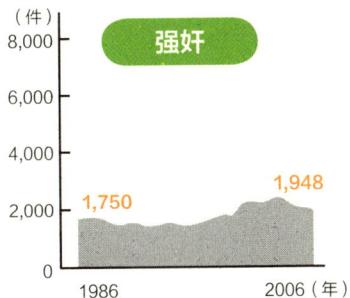

（件）
杀人

8,000
6,000
4,000
2,000
0

1,675   1,309

1986   2006（年）

（件）
抢劫

8,000
6,000
4,000
2,000
0

1,949   5,108

1986   2006（年）

（件）
纵火

8,000
6,000
4,000
2,000
0

1,776   1,759

1986   2006（年）

（件）
强奸

8,000
6,000
4,000
2,000
0

1,750   1,948

1986   2006（年）

注：抢劫案件增加的原因，可能是统计内容加入了少年抢劫等犯罪的缘故。

（依据《平成十九年犯罪白书》制成）

关键词 ●——— 大众媒体的受害者

　　各媒体对于每起重大事件的狂热报道总是来势汹汹。他们为了争夺最新的信息，有时候还会大量流出错误的信息，报道被害者的隐私，甚至使被害者家属遭到二次伤害。新闻自由或许很重要，但是应该也需要一定的自律性。

三岛由纪夫（1925—1970）

把他对于猖狂的恐惧投射到了作品与行动中

● 在作品中窥见三岛精神上的危机

1970年11月25日，三岛由纪夫率领自己组织的"盾会"的成员闯入日本陆上自卫队东部总监部，在鼓动自卫队员奋起的演讲失败后，随即切腹自杀。这对一位从十多岁起就不断发表作品并轻易就能取得天才之名的作家来说，无疑是最戏剧化的终点。

三岛具有分裂性的气质，自知经常走在猖狂的边缘，并持续将精神上的危机投射到自己的创作当中。三岛在自己的作品《金阁寺》中，将自己和精神分裂症的主角合二为一，在《午后曳航》中，则直面自己的恋母情结。我们似乎可以在三岛的创作中，看到他面对自己的猖狂表现出来的理性的一面。

● 三岛的一生所追求的是鲜明的存在意识

三岛为了防止自己陷入过于猖狂的危机，追求的是鲜明的存在意识。一生中，他经常将与社会大众期待相悖、与社会主流相反的意识作为自己的代名词，这似乎也可以看出三岛有些现实疏离感的问题。这是因为他为了做自己、表现自己的存在，无法只是做一个"普通人"。

第二章

引起各种犯罪的
不同的心理层面

为什么杀人？

任何人在内心深处都潜藏着具有杀意的冲动

● 人为什么要杀人？

对于以保险金等金钱为目的的"利欲杀人"、由性欲驱使的"强奸杀人"、为了隐藏自己罪行的"隐蔽杀人"等杀人行为来说，杀人不过是一种手段，也就是存在明显动机的杀人行为。

另外，还有一种由于爱、憎恨、嫉妒等心理上的纠葛引起的"纠葛杀人"。这种类型的杀人行为，通常发生在亲子、兄弟姐妹、熟人、朋友、夫妻、爱人之间，彼此间存在着某种关系，当这样的关系产生了感情纠葛，导致成为加害者和被害者的关系时，心理的纠葛便成了鼓动犯人那一方的情绪推手，最终催生想要除掉对方的想法，走上了犯罪一途。

每个人的心里都会有这样的感情纠葛。但是会犯下罪行的人是因为某种因素导致他脱离了社会规范，因此我们可以说，任何人都有可能因为冲动杀人。

也就是说，只要是人，不论是谁都有可能是潜在性的杀人者。

● 重大杀人犯具有特别的精神状态

此外，也有的杀人行为是"为了杀人而杀人"。例如，过路魔杀人事件之类的随机杀人、大量杀人、连续杀人、快乐杀人等都属于这种类型。

这种类型的杀人犯的精神状态，被称为"精神病型谋杀犯"。可参阅下一页列举出的多样且非典型的精神病学上的症状以及人格结构。目前我们已得知，这些杀人犯除了由于遗传性的因素造成脑部拥有和普通人不同的细微差异部分外，他们大多是在遭受了严酷的虐待或心灵创伤的环境下长大的。

拥有这种遗传性资质的人，一旦和环境发生严重的摩擦或不适应，就可能会转变为随机、冲动、令人害怕的杀人魔。

杀人的原因不止一个

脑部有细微器质性变异

幼年期的心灵创伤

环境压力（直接动机）

对于"死亡"的强烈冲动

精神病型谋杀犯的特征（症状与病因）

① 由医师、鉴定师鉴定出特异点

② 在心理功能上有一定程度的功能不全

③ 不论对自己还是他人，对于"死亡"有强烈的渴望

④ 在脑部发现异常的比例很高

⑤ 年幼时有遭受虐待等经历

为什么一个接着一个杀害?

沉醉于杀戮之血,如多米诺骨牌般一个个倒下——无法停止的
杀戮游戏

● 由强烈的妄想转变为毁灭性的行动

1938年5月21日,日本发生了犯罪史上前所未闻的惨剧——以"津山三十人
屠杀事件"闻名的大量杀人事件。犯人是一名21岁的青年,他身穿黑色的高中男
生制服,脚穿长筒橡胶靴,头上绑着两只手电筒,就像魔鬼头上的两只角,一身
奇装异服的打扮。他在腰间插着日本刀和短刀,手上拿着打猎用的连发式猎枪,
在自己居住的冈山县津山市郊外一户户地侵入山间村落的家,对村民展开杀戮行
动。他在几小时内总共杀了30人,最后在深山里自尽。

这个青年犯人自幼失去双亲,由这个村落务农的祖母一手拉扯长大。虽然
成绩优异,但长年受肺结核病的折磨,不但找不到工作,征兵检查也不合格,就
连还留有夜访①风俗的村中女性也对他敬而远之,他感觉自己受到了村民的歧视。

在缜密的计划下,他一步步地实施了犯罪。从遗书的字字句句中,可以感
受到他对村民的憎恨和复仇的念头,还有由此产生的"被害妄想",同时也存在
他可能有"敏感性关系妄想"②等心理疾病的怀疑。不仅如此,说他符合"精神
病型谋杀犯"的特征应该是毫无疑问的。

● 看见血就兴奋

德国的犯罪精神医学中,有一个词叫"血的酩酊",即犯人在第一次杀人
时看到血之后陷入了异常的兴奋状态,之后即使没有动机也会持续热衷于杀戮行
为,结果犯下了大量杀人的案件。这就像唤起原始狩猎时代猎捕动物的狂喜一
样,因此被认为是一种返祖现象。

---

① 类似中国少数民族摩梭族的走婚制度,是一种夜里来、日间离开,以性为目的到
访女性卧房的日本风俗。
② 意指异常在意他人的反应,认为所有发生的事情都和自己有关的一种妄想症。

兴奋过后，不断追求嗜血

● 大阪过路魔杀人事件（1982）

是同伙吗?!

事件　48岁的男子A，袭击自己的妻子和居住在相同公寓里的邻居，杀害4人，重伤3人。

经过
● 患有兴奋剂中毒症的A常因幻觉产生被害妄想。
● 某天早晨因为与妻子发生轻微的口角，认为妻子也是加害者的同伙，因此反应激烈，用菜刀将妻子连同11岁的儿子一起砍杀（两人皆死亡）。
● 接着过于兴奋的他奔出家门，袭击隔壁的老夫妇（妻死亡，夫重伤），并乱刀砍伤跑到走廊上的家庭主妇（死亡），之后冲入楼下的一户居民家里袭击一对父女（两人皆重伤）。最后为了攻击一直迫害他的黑道成员和宗教团体成员（他自认为的），跑到了大马路上。
● 在路上被警察抓住。

审判时A的说法
"自从一开始对妻子动手后，其他的事情我都不记得了。"
"因为太过忘我，真的一点儿印象也没有。"

在杀人的行为中见血之后，
陷入兴奋、激情的状态，
接着就忘我似的不断杀人。
（杀死第二个人后犯案动机渐渐淡薄）

血的酩酊
其起源或造成这种行为
的机制仍不清楚。

为什么杀人会感觉到快乐？

杀人这个动作本身带来了性兴奋和快感

● **杀人这个动作本身会带来性的愉悦感**

有的人借由杀人会得到性的快感。同时，这种类型的杀人行为，通常还伴有残忍的尸体破坏、性器官破坏，有时候甚至还会发生吃人（同类相残，Cannibalism）的情况。历史上几起比较有名的吃人事件的凶手，包括15世纪法国的吉尔斯·德·莱斯（Gilles de Rais）男爵（他杀害了300多名少年），19世纪伦敦的"开膛手杰克"和 20世纪德国杜塞尔多夫的连续杀人犯彼得·库尔滕（Peter Kurten）。此外，1988—1989年做出连续诱拐幼女杀人事件的宫崎勤（参阅第108页），也属于"快乐杀人"犯。

● **心中藏有性虐式的幻想**

依据美国联邦调查局（简称 FBI）的罗伯特·K.雷斯勒（Robert K. Ressler，FBI心理分析官）的分析，异常快乐杀人可以分成以下两种类型：

秩序型：这种类型的人在幼儿期大多没有获得过父母的关爱，通常从小就有遭受虐待之类的经历，因而造成了心理上的创伤。青春期以后，对于性的幻想（Fantasy）偏爱充满血腥味的性虐待式的情景，而杀人是他们在现实世界中可以用于实现"幻想"的手段。这些人平常的行为举止都和一般人没有两样，但是他们在杀人后不会后悔，也不会心存罪恶感，即便被捕入狱，在狱中也会借由回想杀人的过程，获得性满足。

无秩序型：这种类型的人的成长过程和幻想与秩序型的人有重叠，不同的是，进入青少年期后，无秩序型的人同时还患有妄想型和解体型的精神分裂症。由于自我的解体，使杀人的冲动冲破藩篱，进而造成随机的犯罪行为。这种如同过路魔形式的犯罪，很难明确锁定犯人。

藏有幻想的他们，都是无法从外表看出端倪的危险怪物。

异常快乐杀人的两种类型

幼儿时期没有得到父母亲的关爱。
由于遭到虐待、遗弃、拒绝、双亲离婚等，造成心灵受到创伤。
青春期后，沉溺于性虐待式的幻想，并将此幻想与性高潮联结在一起。

秩序型

- 计划型犯案，依据特定的理由选出被害者。
- 大部分都戴着"正常人"的假面具。

无秩序型

- 无计划型犯案，属于随机型，不挑选特定的被害者。
- 有时也患有精神方面的疾病。

他们将内心潜藏的"幻想"付诸实行于现实世界！

关键词 —— 同类相残

属于性反常行动（Paraphilia）中的一种类型。一个有名的例子是一个在巴黎学习的日本留学生杀了荷兰女学生后，吃了她的肉。根据弗洛伊德所述，我们的祖先从前也曾经兄弟合力杀害他们伟大的父亲（原父）后分食其血肉，借此与伟大的父亲合而为一。这也被认为是秩序和伦理道德的起源（出自《图腾与禁忌》）。

为什么要杀不认识的人？

在日常生活中发生的令人难以置信的噩梦

● "过路魔"没有具体的动机

1981年的深川、1999年的池袋和下关等地，频频发生被害者人数不一的过路魔杀人事件。日本的警察厅①将过路魔认定为"在大众能够自由通行的场所中，在没有确切的动机下，对经过的不特定人士用凶器进行杀戮、伤害和实施暴力等"的一种犯罪行为。这种以不特定多数为犯罪对象，没有理由就伤害他人的犯人，他们的心到底是被什么吞噬了呢？

● 从社会得到的爱意转变为强烈的恨意

对于过路魔事件，我们对犯人的印象一般都是：单身男性，没有稳定的工作，个性原本就比较粗暴，与家庭、地方上的社会关系疏远，因此更加深了他们的孤立感。于是，在挫折与孤独中，他们对不肯接纳自己的"社会"产生了强烈的恨意与憎恶，因此才会对象征社会的不特定多数人产生杀机。

他们心中明明希望能够依赖社会，希望社会和集团给他们温暖，但是因为社会一直不如他们所愿，因此慢慢地对社会和集团产生了绝望感和单方面的不满。顺便要提一下，让这些犯罪者动了杀机的导火线，深川事件是因为犯人兴奋剂中毒，而池袋事件可能是因为犯人的人格障碍和精神分裂症等精神疾病发作。

过路魔事件之所以无法消除，主要是因为现代都市化只会进一步加深人类的孤立性。与此同时，发达的信息化社会也会滋生"我也来干一票吧"之类的模仿犯罪者，以及误以为能够利用电视报道等媒体向社会彰显自我的犯人也在增加，这些也是非常重要的因素。

---

① 与警视厅（日本首都东京的警务部门）不同，警察厅是负责日本公共安全和警察的营运，负责日本警察的状态整备、犯罪鉴识、犯罪统计等事务指挥，监督各都道府县警察（包括警视厅）的日本行政机关。

引发过路魔犯罪的三个背景

1 **信息化社会**
报纸、电视等媒体大规模地报道犯罪，造成模仿犯的滋生。此外，做出这类型犯罪的人通常都把媒体当作表达自己的不满、歪曲的愤怒与愿望等诉求的手段。

2 **心理结构改变**
现代社会中有很多为了得到关爱或因为依赖性而犯罪的罪犯，他们为了表达自己自幼儿时期起就对环境或社会怀有的恨意或不满，借由化身过路魔向他人和社会实施报复。

3 **都市化**
由于都市中充斥着我们不熟悉的人，所以有时候很容易会对他人的感受漠不关心。当屠杀不特定多数人时，心理上的抵抗也会随之消失。

解读当时事件与犯罪者专栏②

大久保清
——大量女性被杀事件（1971）

41天之内强奸并杀害了8名女性。
充满自我表现欲与虚荣的人生轨迹。

● "请问你愿不愿意当我画作的模特儿啊？"

　　1971年春天，日本群马县一连发生多起年轻女性失踪的事件。同年5月7日，群马县藤冈市一名上班族女性留下一句"有人问我愿不愿意当他的模特儿，我还是拒绝好了"，就骑着自行车出门了，自此行踪不明。直到她的哥哥在藤冈市内发现了她的自行车，并在那里发现一名开着马自达Luce Rotary Coupe（马自达一款顶级车型）的可疑男子，事件才有了新的线索。正当他要上前追问时，没想到对方竟然匆忙逃走。之后，他将男子的车牌号通报给警方，这才确定这名可疑男子是住在高崎市内的大久保清（当时36岁）。最后，大久保清在前桥市内被抓到，移交给警方。

　　根据大久保清的供述，自1971年3月31日起至当年5月10日为止，包含该名女性，他在群马县内已经强奸并杀害了8名16~22岁的女性并将尸体藏匿。至此，这起大量杀人事件终于告破。

　　当时大久保清以戴着贝雷帽、穿着俄式偏领衬衫的模样示人，化身为画家、美术教师或英文老师，开着白色跑车，询问150名以上的年轻女性"要不要当我的模特儿"等，以非常巧妙的言语邀约女性，其中上车的女性近50名，有10名遭到强奸，而被杀害的8名女性都是因为抵抗或者被他发现想要报警，才遭到杀害和弃尸。

● 女性只是满足他自恋世界的道具

　　大久保清出身于比较富裕的家庭，从小在母亲的溺爱下长大。小学和初中的成绩属于靠后的位置，初中时还有记录指出他"很会说话，具有欺骗他人的才能"。此外，大久保清从这个时期便开始对女生实施恶作剧，初中毕业后帮家里做农活儿，同时做一些贩卖家电和牛奶的生意，但是都失败了。

18岁开始，他的犯罪记录中就包括盗窃、恐吓、强奸致伤等，其中不起诉和和解的案件两件，总共有6件。而他开始犯下大量杀人罪是在1971年3月6日假释出狱后不久。他于27岁时结婚，隐瞒了从前的犯罪经历，还生下了两个孩子。

请问你愿不愿意当我画作的模特儿啊？

从他的精神鉴定诊断来看，发现他具有以情感高涨①、显示自我个性为主要特征的异常性格（精神病质），另外他还具有爆发性的性格。女性对他来说不只是他的性欲对象，还是能够和他共有他的想象世界、帮助他满足虚荣的道具。但是，当他从欺瞒自己的幻想中清醒，被迫面对现实的时候，这些女性又变成让他非常憎恨的存在，导致他觉得非除掉她们不可，于是便动手杀了她们。

1973年2月，大久保清死刑定谳；1976年1月，以非常特例被迅速执行死刑。

---

①拥有情感高涨人格的人虽然开朗活泼，但是因为他们好动、好辩，因此很容易和他人发生冲突。

借由幽禁别人能获得什么样的满足？

绑架、监禁的深处，有狩猎动物来饲养的快乐

● 想要随心所欲地支配他人

2000年1月，警方在新潟市内逮捕了一名涉嫌诱拐并监禁少女的男性。被监禁的少女于1990年，即她9岁的时候被带走，在该名男子的房间内大约被监禁了10年。在此期间，少女在男子的暴力与胁迫下被任意摆布，而且为了避免她逃亡，男子对她进行了饮食限制。男子借由支配这名少女，满足了自己"爱的幻想"。

像这样诱拐、监禁年轻女性，依照自己的想法随心所欲饲养的幻想，有时特别容易发生在具有精神分裂倾向的青年身上。

● "返祖"——回到人与家畜的关系

不过，监禁的目的并不只是出于性方面的动机，监禁的行为本身也隐藏着想让对方在自己的约束下任意摆布，依照自己的想法教育和调教对方的偏执热情。

在人类的生活方式进步到农耕和畜牧阶段时，为了能够自由地吃肉并役使动物，人类学会了饲养家畜。也就是说，可能就是在这个时候，"支配"等于快乐的感受深入了人性。像这种借由饲养他人、随心所欲地教育和支配他人而获得快乐的行为，应该可以说是回到人类与家畜关系的返祖现象吧。

犯罪案例研究

在幽闭空间中支配他人的欲望爆发

● 联合赤军事件（山岳基地事件，1971—1972年）

背景　联合赤军在日本学生运动势力逐渐减弱的情况下诞生，为了以武力实现军事革命，他们在群马县榛名山中过着集体生活，同时进行训练和教育士兵。

经过

形成山中组织犯罪的一种拘禁状态

＋

焦急地想要尽快教育、养成革命战士

逼迫那些缺少自觉的人在短时间内"自我检讨"，
一定要让他们成为真正的革命者

这样的要求，等于是要求一般人
做到根本不可能实现的事情

利用激烈的殴打、绳索捆绑、迫使人暴露在
冷空气中等种种暴力手段进行"总清算"

**他们丧失了正常情况下判断利弊和目的的能力，被
想要改变对方信念和思想的虐待冲动所控制。**

结果　杀害12名成员后，他们死守在浅间山庄，在几乎长达218小时内，与警察展开激烈攻防后被逮捕。

强奸

袭击女性的原因

像野兽般强韧、冷静、冷酷的行动

● 强奸与肉食动物的猎食行动类似

每当我们听到"强奸",就很容易联想到受性冲动驱使而爆发的犯人模样。但是当我们仔细审视每起强奸案件后,总会发现另一种和我们原本想象中不同的犯人样貌。

他(他们,也有很多集体行动的例子),大多是在移动中寻找性行为的对象,即"猎物"。一旦发现猎物后就会开始追踪、接近,算准时机就马上与猎物接触,接着绑架、控制猎物,最后达到强奸的目的。

从精神层面来看,他们在达到目的的前一阶段,绝对不会受到情绪兴奋难耐的影响,反而是非常沉着冷静的。在这样冷静的状态下,经过深思熟虑后才会执行任务。这种行动模式,就像原始时代人类的狩猎行为,甚至可以说和肉食动物猎食的行动相似。此外,强奸并不是一次就会结束,只要经过一定的时间,犯案的冲动就会再度高涨,是一种重复犯案概率很高的犯罪,也就是说强奸会让人"上瘾"。

● 强奸案件有增加吗?

强奸、强制猥亵的已举报案件数,在1965—1995年这30年间,大约已经减少了原本的四分之一。由于强奸原则上属"告诉乃论"(必须由被害人本人或法定代理人代为控告才会受理),可想而知应该会有很多"黑数"(被隐藏起来的犯罪未知数)。所谓的数字应该只是冰山一角。

但是,近年来日本的年轻男子比起之前攻击性和暴力性有所减弱,因此我们认为这一点可能也和强奸案件的减少有关。相对的也可以想到,攻击性的犯罪可能会转变为与跟踪类似的比较阴险的性犯罪。

强奸的过程可以和狩猎相比

循环

冲动和动机高涨

寻找猎物、移动

发现猎物、跟踪

接近猎物、接触

控制猎物
（狩猎）攻击、伤害并加以杀害
（强奸）压制抵抗

达成目的
（狩猎）分配并且吃掉动物的肉
（强奸）强迫发生性行为

动机和兴奋的状态解除
（狩猎）吃饱后饥饿感解除
（强奸）性饥渴的状态解除

关键词 ●——— 家庭暴力

　　指在夫妻或情侣之间发生的暴力[1]。据称，所有女性中有三成曾经有过家暴的经历，如果是在这样的情况下逼迫对方进行性行为，就算是强奸。因此，若确定有暴力行为的情况，在日本可以依照《家庭暴力防治法》请警察或法院介入进行保护。

[1]包含青春期的小孩儿对双亲、兄弟姐妹施加的暴力以及虐待老人等。

袭击年幼孩子的原因

恋童癖不是人格上的疾病，因此很难治愈

● 大多数恋童癖都是男性

所谓"恋童癖"（paedophilia）是指那些从青春期前的小孩儿身上会感受到性的魅力，或者对孩子有性爱恋行为的现象。"恋童癖"和以青春期前后的少女为对象的萝莉控（lolicon）有所区别。

恋童癖是一种几乎只在男性身上出现的性反常行为（paraphilia），而且还分为因为无法与成年女子交往而选择儿童的"代偿性恋童癖"和因为讨厌成年女性而积极寻求儿童的"真性恋童癖"两种。因为真性恋童癖喜欢的都是青春期前的少男少女，有时也会增加这些人成为同性恋的概率。

恋童癖本身并没有罪，但随其行为所及，极有可能会导致犯罪。依照日本《儿童福祉法》的规定，强制猥亵和强奸应该当成性侵害刑法犯。恋童癖在犯罪学上最大的问题，就是一旦他们接近孩童，就很容易转化成罪犯。从性侵害到加重成诱拐和杀人事件的可能性，从宫崎勤犯下的连续诱拐幼女杀人事件和新潟县少女监禁事件中就可以了解。

● 治疗性反常行为非常困难

包含恋童癖在内，所有的性反常行为都会碰到"有什么特征才是正常 / 异常"的问题，比如"人类的性癖好有多种多样，没有办法轻易区别，即使从某种性癖好发展成异常行动或犯罪，也会产生原本的性癖好应该是治疗的重点吗？"这类的疑问。

无论如何，因为性反常行为的问题本身扎根在"冲动"的病理层面，因此从人格层面为对象进行心理治疗，是很难根治的。

恋童癖无法治愈吗？

恋童癖引发的犯罪

强制猥亵 — **强奸** — 有时也会同时发生诱拐、杀人的情况

（由于孩童还在发育中，抵抗能力较弱，因此容易成为杀人、诱拐等重大犯罪的对象）

少女的敌人

一起来玩吧！

有可能治愈吗？（为了防止再犯）

有恋童癖的人平常大都像一般人一样，
只有在性冲动的时候才会做出异常行为

对于人格层面进行的治疗，其矫正、治疗成效很差

此外，由于这种行为和性冲动有关，
所以很可能会上瘾（容易再犯）

● 日本对于性犯罪者采取的是团体工作形式的矫正课程。
● 法国和美国某些州会在释放后的性犯罪者身上装上监控器，
借此监视他们的行动。

隐藏在"偷窃"心理中的真正欲望

如同婴儿需要母亲的乳汁一般重复着偷窃的行为

● 认为偷窃是正当的"权利回复"

所谓的偷窃,除了以饥饿或贫困为理由造成的盗窃、酒精或药物中毒者偷取酒或药物等的供给犯罪外,还有其实没有特别需求也没有目的、只是不断反复进行的偷窃,它属于精神官能上的"偷窃癖"(kleptomania)。

偷窃癖是一种搞不清楚自己为什么要偷窃,但仍强迫性地反复进行偷窃的行为,习惯性地顺手牵羊也属于偷窃癖的行为之一。

这些人大部分在幼儿时期没有得到母亲的关爱,所以有心理创伤性的经历,为了补偿自己没有得到的母爱,才会偷窃金钱财物。他们偷的所有物品,象征着从前他们应该得到的母亲的乳汁等爱的代替物。因此,这也可以算作某种退化为幼儿的行为。

他们似乎把偷窃当作"权利回复"的正当行为,因此对于偷窃的行为缺乏罪恶感,容易重复犯罪。此外,比较常发生在女性身上的惯性顺手牵羊,有时也被认为代表对父亲的反抗,或者是由自我惩罚欲望或经前紧张症候群作祟所造成的结果。

● 纯粹盗窃犯除了偷窃以外不会犯其他的罪

此外,还有被当作"纯粹盗窃犯"的一群人。他们的一生中只会不断地重复盗窃犯罪,不会将触手伸向其他犯罪。从精神病理学的角度来看,他们被当作司奈德所说的最纯正的意志薄弱者,其性格特征是倚赖环境和被动,而且大部分人的智力程度较低,因此他们也欠缺犯其他罪行的能力。但是,如果从精神分析的角度来看,他们的盗窃行为其实属于他们对幼年时期没有获得关爱的一种补偿性的需求,在这一点上和偷窃癖是相通的。

偷窃是所有犯罪的根本

半数以上的犯罪都是偷窃　（2006年刑法犯之已举报件数）

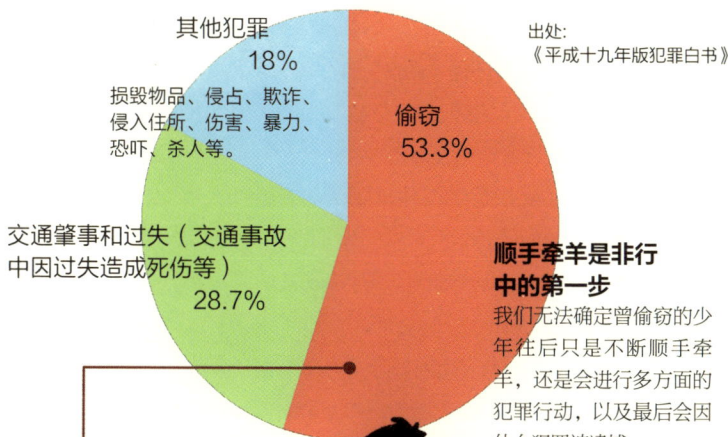

出处:
《平成十九年版犯罪白书》

其他犯罪 18%
损毁物品、侵占、欺诈、侵入住所、伤害、暴力、恐吓、杀人等。

偷窃 53.3%

交通肇事和过失（交通事故中因过失造成死伤等）28.7%

顺手牵羊是非行中的第一步
我们无法确定曾偷窃的少年往后只是不断顺手牵羊，还是会进行多方面的犯罪行动，以及最后会因什么犯罪被逮捕。

大部分累犯都有盗窃前科
从有盗窃前科的犯人中来找盗窃犯的特征，是很困难的事情（因为几乎所有罪犯都有相同的特征）。

关键词 ●──── "抢劫"＝窃盗＋暴力?

　　抢劫是可以与杀人、强奸、纵火并列的凶残犯罪之一。虽然它被认为是盗窃再加上暴力的一种犯罪，但是其实抢劫也包含了像过路魔一样，有临时起意闯入空门造成的入室抢劫，也有从一开始就依照缜密计划进行的抢劫等。犯罪方式从飞车抢夺到银行抢劫等，范围十分广泛，无法一概而论。

绑架的理由

虽然这是一种成功率低、刑责又重、非常不划算的犯罪……

● **诱拐的目的是"猥亵"还是"勒索"？**

诱拐的种类中，有以强制猥亵或强奸为目的的"猥亵诱拐"，还有以人质安全和释放人质为交换条件向亲属勒索高额赎金的"掳人勒赎"的诱拐，等。猥亵诱拐大部分与过路魔所犯的罪行相似，被害者遭到杀害的案例相当多，也有很多犯人到最后没有被拘捕到案的例子。而掳人勒赎的诱拐案件，在索要赎金和交换赎金的过程中都存在着极大风险，几乎不会成功。

因此我们会想，为什么他们宁愿冒这么大的风险去实施诱拐犯罪呢？虽然在电影和小说中，这种诱拐犯都被描绘成心思细腻、会事先拟订计划的"冷静型智能型罪犯"，实际上，从诱拐犯的精神鉴定来看，他们似乎大多是分不清幻想和现实的"幻想性谵语症患者"、总是局限在自己想象中的"眼界狭小的性格执着者"和冲动的"边缘性人格障碍症患者"等。

重点在于这种犯罪大多是"随机"实施的。

● **如果人质很难控制，罪犯就会不假思索地杀掉人质**

以获得赎金为目的的诱拐案，其中很多都是非常野蛮的犯罪。当犯人控制不了人质时，就会将其杀害。另外，也有案例是事先根本没有准备监禁场所，诱拐后直接把人质杀掉。在猥亵诱拐案件中，犯人为了隐匿罪行，杀害和遗弃被害者的情况最多。

以获得赎金为目的的诱拐案，若因为诱拐被害者让犯人置身于恐怖中，导致被杀害的情况，可谓最卑劣的犯罪行为，因此犯人几乎都会被处以死刑。

诱拐犯大部分都是随机犯案

幻想性
谎语症患者
无法分辨
幻想和现实

边缘型
人格障碍症患者
容易做出
冲动的行动

像电影或小说中
描绘的又狡猾又冷静
的智能型罪犯，
其实很少。

眼界狭小的性
格执着者
容易执着于
自己的想法

犯罪案例研究

毫无计划的诱拐者

● 小吉展诱拐事件（1963）

动机、发生　为钱所困的犯人从电影《天国与地狱》（黑泽明导演）中获得灵感，于是诱拐了当时正在公园玩耍的小吉展。但是因为他害怕被发现，在几小时后就将小吉展杀害了。

过程　之后向家属索要赎金，曾一度成功地拿到赎金。

结果　虽然搜寻困难重重，但终于在两年后逮捕犯人。死刑定谳后于1971年执行。

● 小雅树诱拐事件（1960）

动机、发生　犯人本身负债，离婚后又苦于无法支付赡养费，于是想到绑架"有钱人家的小孩儿"以换取赎金，诱拐了上学途中的小雅树（6岁）。

过程　诱拐当天和隔天加起来一共三次要求赎金但全部失败，因为焦躁将小雅树杀害后逃亡。

结果　遭到通缉后约两个月后被逮捕。死刑定谳于1971年执行。

说服犯人的方法

从各种动机到无任何计划、冲动型的坚守对峙行为

● 大部分都是无计划、冲动的行为

为了获得物质上的利益将人质作为挡箭牌，这就是一般的挟持人质对峙事件。 1970年的日航淀号劫机事件，是以政治目的为诉求的一起挟持人质对峙事件。1979年的三菱银行人质事件（参阅第76页），其实是为了保命和得到逃亡路线，最后不得已才演变成了挟持对峙的事件。

在挟持人质对峙的事件中，最多的情况是由个人动机和精神病理学上的原因所引发的，总计占全部对峙事件的七成。以个人动机来说，大多是因为男女关系的纠葛所造成的，比如双方因为吃醋而吵架，到了最后，其中一方一怒之下从厨房拿出了菜刀，于是便发展到了对峙的局面，根本没有明确的需求。在精神病理学上的原因中，由兴奋剂或酒精中毒引起的被害妄想占了绝大多数。

● 最重要的是要让对方说话

不论是由犯罪行为导致的对峙，还是因为个人动机造成的对峙，这些对峙都是无计划性且冲动的。所以，遇到这样的状况时，首先必须给他们一些时间来冷静冷静，最重要的是先让精神亢奋的犯人平静下来。其实，犯人知道对峙是无意义的，也知道伤害人质对他们没有好处，因此只要他们能够冷静下来，警察就比较有把握说服他们。

在交涉时最重要的，就是要积极地聆听犯人说话。对犯人说的话要有回应，并且重复对方说的话后，要加以反问。不过，绝不能表现出好像可以答应他的要求或可以和他妥协的模样。只要犯人的精神状态稳定，能够理性地思考，就能提高犯人投降的概率。

说服挟持人质进行对峙的犯人

事件刚发生时最危险
犯人此时正处于紧张、亢奋的状态，无法理性思考。

因抢劫等原因在逃亡中发生对峙

因男女问题在暴怒之下发生对峙

以引发骚动为目的的对峙

在政治、思想背景下发生的对峙

精神障碍者引发的对峙

无计划性，但是因为他们知道伤害人质会对他们不利，所以只要给他们一些时间，就有可能和他们交谈。

有时候连犯人都没有意识到自己正在和人对峙。要站在犯人的角度聆听他的主张。

他们希望有人听他们诉说，希望得到他人的认可，因此要先满足他们的需求。

他们的目的是表达自己的想法。大多数情况下，只要有媒体报道或者用其他方式达到目的就会投降。

因为很难跟他们沟通，所以不容易说服他们，这时我们不能反驳，要试着理解。

积极地聆听犯人想说的话。

只要沉着冷静地处理，犯人就会冷静下来。

劫机犯的独特心理

是有诉求的"人质挟持事件"，还是由精神障碍引起的"个人正义"？

● 组织性、政治性劫机是需要依赖对方的犯罪

1970年日本赤军为了逃亡到朝鲜而引发的日航淀号劫机事件，1972年联合赤军为了夺回狱中伙伴而制造的日本航空472号班机劫机事件（劫机、人质事件），还有2001年在美国发生的"9·11"恐怖袭击事件中的多起基地组织劫机事件，都是依据自己的政治理念、思想和信仰，有组织地实施的劫机计划。除了激进的自杀式自爆外，这些劫机都属于人质事件。

实际上，他们罪行中的某部分带有强烈依赖的撒娇性质。因此，若对方态度坚定、拒绝接受，他们的行动就会失去意义，也就是说，他们行动的成败与否完全取决于对方的态度。

● 借由抢夺空间，一举恢复自我认同

此外，也有一人独自进行的劫机事件。其中，有的人是因为本身具有各种精神障碍或因为忧郁症，才会实行这种"一个人的正义"。1999年全日空61号班机劫机事件，就是一个28岁的青年单独犯案（参阅下一页）。

从这个青年的精神鉴定报告可以看出，单独犯案的劫机者心灵都是空虚的。虽然他们的智商高，但是因为一直无法适应社会、经济和人际关系，自尊情感显著低下，于是陷入了忧郁状态，并且有着强烈的自杀意念。当他想到他可以"抢夺已经离开重力羁绊的空间""控制众多的人（陪他一起）自杀"的时候，马上就能够一扫阴霾、心情舒畅。也就是说，他借此能够突然感觉到自己无所不能，像是英雄一样。因此我们可以说，单独一人实施的劫机行为，是一种为了恢复自信而做出的鲁莽行为。

犯罪案例研究

"躁"的犯罪，能将"忧郁"的现实翻转过来

● 全日空61号班机劫机事件（1999）

动机　犯人虽然自国立大学毕业，但是没能如愿进入大企业就职。之后不断发生失踪和自杀未遂的情况，于是住进精神病院，出院后也时常进出精神科诊所。他是飞机迷，一直都有想要操纵巨无霸客机的梦想。

过程　他对机场的安防系统提出有缺陷的疑惑但不被受理，因此引发怒气等种种负面情绪，于是携带尖刀进入机内，起飞前往驾驶舱。

结果　在多次命令更改目的地后，刺杀了机长（事后死亡）。就在飞机即将坠落前，犯人终于被制伏，所幸没有酿成重大惨剧。审判的结果是该犯人被诊断为精神衰弱并被处以无期徒刑。

犯人的心　在表面的动机深处，隐藏着对社会的不适应所产生的绝望和自杀的想法。

犯人认为，劫机是一出能让既悲惨又"忧郁"的自己发生大逆转的"躁"动戏码。

关键词 —— 斯德哥尔摩症候群

意指在劫机或人质挟持对峙等事件中，人质对犯人产生好感或亲近感的一种反向心理反应。遭到监禁的人明明可以逃却不逃跑，或者无法退出狂热的邪教集团，这些都是出于相同的心理。

寄送"恐吓信"的目的

扮演邪恶英雄角色的自我表现型犯罪

● 以格力高一森永事件为开端

1984—1985年期间发生的格力高一森永事件中，一名自称"怪人二十一面相"的嫌犯不断寄出恐吓信。电视新闻和报纸等媒体以实况转播的方式对这一事件大肆进行报道，犯人也借此积极地向媒体提供各种信息，同时继续做案。在这个事件后，这种类型的犯罪就被称为"剧场型犯罪"——犯罪本身是一出戏，犯人是主角，而观众就是大众，整体就像一个"剧场"的结构。

1997年发生的神户连续杀伤儿童事件（参阅第138页）也一样，犯人少年A在被害者的遗体上放了一封"挑战信"，并且将犯案声明寄给报社，同样也具有剧场型犯罪的特征。这类罪犯似乎只把自己当作邪恶的英雄角色，在"演出"一场犯罪的戏码而已。

● 经由媒体报道，模仿犯罪的人也开始增加

剧场型犯罪的犯人，也可以说患有"表演型人格障碍"（Histrionic Personality Disorder）。他们总是希望引人注目，是一群想让自己看起来比一般人还要优秀的人。但是，如果他们在青春期后遭受挫折，不得不面对悲惨而且没有任何优点的自己时，就有可能想到利用犯罪来表现自己，即借由邪恶的英雄角色夸示自己的存在。从这个意义上看，剧场型犯罪也可以说是"自我确认型犯罪"的一种。

看着媒体大肆报道自己的犯罪行为或披露自己发出的犯罪声明时，犯人会感到极大的满足。有时对于人质事件，媒体还有可能采用现场直播的方式进行同步报道，这种做法会大大满足犯人的自我表现欲。不仅如此，这些报道还可能对其他拥有相同特质的人产生影响，引出更多模仿犯实施犯罪。

犯人利用犯罪向社会表现自己

● 格力高—森永事件（1984—1985）

事件　　犯人从江崎格力高食品公司的江崎社长家绑走社长，索要赎金10亿日元和金块100公斤。三天后，江崎社长自行逃脱，自身安全得到保障。

犯人寄出多封恐吓信给报社，表示已将氰化钠放入格力高的商品中。

> 给　悲惨的警官们
> （中略）
> 因为格力高太自大　就跟我们说的一样
> 在格力高的产品中　放入了氰化钠
> 有两个放入0.05克氰化钠的产品
> 放在名古屋和冈山之间的店里
> 虽然不会死　但是会住院
> 吃了格力高　大家一起去住院吧
> （以下略）

过程　　之后，犯人也寄了恐吓信给森永制果、HOUSE食品等大厂，索取现金。次年，在收到犯人寄出"我不再寄恐吓信给食品公司"的信以后，此事件终于结束。在仍然抓不到犯人的情况下，2000年此案已过了诉讼时效。

犯人意识到社会大众的眼光，
有目的地利用媒体

被认为是犯人的"眯眯眼
男人"的模拟画像

恐吓信和搜查经过等消息逐一被报道出来，
全日本都知道这些信息。
→犯罪娱乐化
→犯人变成某种形态的明星

此后，模仿犯和假冒此
事件的罪犯层出不穷。
→犯罪报道的功过

为什么能若无其事地欺骗人呢？

欺骗对方，让对方相信自己没有受骗

● 为什么人会受骗？

汇款诈骗：利用家属会担心的心理，通过电话等方式传达尽快交付款项的要求，让被害者向指定账户汇款。这种方式的犯罪利用了高龄化社会老人的孤立性、现代人对于突发事件反应的不堪一击，以及只要用银行账户就能够简单汇款的便利性，可以说是非常了解现代社会状况的犯罪。

当接到这种电话时，不论对方如何煽动你的情绪，千万不要依照自己的判断行动。一定要先和本人或其他亲属联络，确认是否有疑点后再行动。

恶性贩卖：包含利用密室等场所煽动人的情绪进而贩卖不当商品（催眠贩卖）；以加入会员就可以得到有利的回馈为由促使人购买高价商品（多层次传销）；挨家挨户拜访，煽动人心的不安，说服人们进行不必要的施工，借此要求多付追加项目的费用（恶性装修）等。恶性贩卖的手段可谓五花八门。如果不想被骗，首先对于"占便宜的事"必须抱持疑问的态度，有警戒心就不容易上当受骗。就算是非常亲切、看起来好像可以信任的人，也千万不可马虎，因为与被害者构筑起最初的信赖关系也是欺诈的手法之一，甚至有人已经上当了还浑然不知。除此之外，也要特别注意自己完全没有印象的"虚构账单"。

● 错在被骗的人

欺诈犯通常被认为具有"表演型人格障碍"的问题。他们习惯于为了让自己看起来体面而装模作样，而且总认为其他人都很愚笨，被骗都是他们自己的错。

恶性贩卖打动对方的心理技巧

愚笨

真好骗

不好了！

买到就赚到喽！

亲切交谈

先提出一个很可能马上
就被拒绝的大要求
（例如购买价值100万日元的商品）

⬇ 建立信赖关系，
进入你的家里。

⬇ 接着再提出比较小的要求
（例如购买价值10万日元的商品）

一旦接受了对方的要求，接下来就很容
易再次接受对方的要求（在想让自己的
言行具有一贯性的意识作用下）。

只要第一个要求太大，第二个要求就会
显得好像比实际上小。此时，拒绝别人
所产生的罪恶感就会发生心理作用。

此外，在"恶性装修"和推销"高回报理财产品"的诈骗手法
中，则是运用"再这样下去地基就会朽坏"或"只靠养老金的话，老后
无法生活"之类煽动人心不安的言论来骗取金钱。

No!

在知道对方是来推销的当下，就断然拒绝！

动粗是人类的本能吗？

所谓暴力犯罪，可以归结为"血气方刚"的原因吗？

● 怒气马上转化为暴力

有些人容易动怒，并且马上以暴力的方式表达诉求。19世纪德国的精神科医生司奈德把他们划入"爆发者"类型中，现在我们则将他们诊断为"冲动控制障碍"患者。

这类疾患共有两种类型，一种是街上的小混混儿、飙车族之类的粗暴犯类型。只要遇到一点点小事，他们马上怒火中烧开始胡闹。还有一种是，当不愉快的感受郁积到一定程度突然大爆发，犯下杀人、伤害致死等重大罪行的类型。

由怒气转化而来的暴力行为，尤其会因为醉酒和滥用药物而被强化。

到了中年以后，当体力和想动粗的欲望都衰退时，大部分原本的暴力犯就会金盆洗手，开始往社会化的方向改进。一般大约在35岁之后，他们不会再使用暴力的方式表达诉求，将从前的生活当作"血气方刚"一场，开始慢慢融入市民生活中，这种情况有点儿类似于从飙车族"毕业"的感觉。

● 雄性激素会增强人的攻击性

造成这种高攻击性的个性，与在具有暴力倾向的家庭中长大的遗传性因素和教育性因素关系比较大。而且，攻击性会随着年龄的增加而减退，也已经确认攻击性其实和雄性激素的多少有关。这也是之所以男性犯罪者较多，以及中年以后攻击性会减退的原因所在。

此外，欧美国家为了预防暴力累犯者再犯，还尝试对他们使用抗雄性激素的药剂，目前已经可以看出一定效果。

驱使人做出暴力行为的因素

养育环境
失去父亲，或者在有暴力倾向的双亲虐待下长大，学习到暴力行为。

雄性激素
由于胎儿期发生的问题造成脑部男性化，有时在过度男子气概的影响下提高了攻击性。

社会环境
生活在犯罪组织或暴力集团等暴力至上的次文化中，学习到其价值观和行动模式。

动机
受不了人际关系与社会环境的压力而爆发。有时也和酗酒或药物成瘾有关。

想要纵火是一种病吗?

纵火是发泄郁闷的出口，借此得到快感

● 纵火是由"弱者"引起的

纵火是造成日本火灾的主要原因（2005年的数据）。纵火的原因除了想要隐匿盗窃或杀人等犯罪、复仇、骗取保险金外，还有的是由老人、小孩儿、女性、缺乏自信者引起的，这类纵火又被称为"弱者的犯罪"。

他们通常无法排解日常生活中不断累积的感情纠葛、怨恨、愤怒和不满，也无法直接向对方发泄怒气，于是在补偿心理的作用下，即为了发泄心中的郁闷，他们会做出找出气筒发泄式的纵火行为。对他们来说，火带给他们的解放感应该发挥了极大作用。

● 纵火也是一种"病"

此外，也有的纵火犯只是"为了纵火而纵火"，也就是以点火这个行为本身为目的的纵火犯，这些人又被称作"纵火狂"（Pyromania）。从精神医学的角度来讲，这也属于一种"冲动控制障碍"。

"纵火狂"对于与纵火相关的一连串事件，包含纵火前的准备、点火之前的作业、起火时的光景、灭火工作、群众的骚动等，在生理和心理上都会感觉到强烈的快感。

这一连串行为，对他们来说仿佛性行为的过程一样。实际上，点火时的紧张感和刺激感以及看到火焰燃起时产生的快感等，有时还会带给他们如同性高潮般的感受。

此外，有一些情形虽然还没有达到纵火狂的地步，但是也有在醉酒和意识模糊状态下发生的动机不明的纵火案。

纵火犯的三种类型

有目的性的纵火
因怨恨或想诈领保险金等利害关系，或者想隐匿杀人或抢劫等犯罪所做的纵火行为，都属于目的明确的纵火。

纵火狂
主要是借由偷偷纵火来获得性兴奋和欢愉。

意识模糊状态下的纵火
纯属没有任何目的的纵火行为。例如，在由药物引起的兴奋状态或因酒精引起的醉酒状态下，在所谓的人格被束之高阁时的"意识模糊状态"下做出的行为。

关键词 ●———— 金阁寺放火事件

　　1950年7月，日本京都市鹿苑寺（又称金阁寺）的舍利殿被自家的徒僧（学生）林养贤放火给烧光了。犯案时，他就有初期的精神分裂症，对住持和周围的人抱有被害妄想。而对于金阁寺，他有爱和憎恨两种矛盾的情感。

什么样的人会成为跟踪狂？

无同理心的现代社会中的病态代言人

● 妄想自己被爱着

所谓的跟踪狂，是指对素不相识的人、分手后的情人或妻子纠缠不清，利用打无声电话、写信或电子邮件让对方感到厌烦，甚至跟踪、监视等，并且不断重复这种单方面纠缠行为的人。从精神病理学的角度来看，跟踪狂可以分为下一页的五种类型。不论是哪种类型，他们的共同特征是单方面地对对方怀有恋爱感情和关爱之情，而且认为对方也对自己怀有相同的情感，这种心理被称为"恋爱妄想"（被爱妄想）。

● 跟踪狂是如何产生的？

跟踪狂的共同点是具有依赖性和攻击性的心理，也可以说他们在心智还没有成熟的情况下就"长大"了。之所以会出现这样的结果，可能是因为他们将幼儿期对人的绝对依赖关系直接带到了成年，这种情况只有在现代母子关系（保护过度或漠不关心）和缺乏父爱的社会背景中才会产生。

小家庭化、少子化、信息化和机械化的现代社会，使得孩子在不善于维系人际关系的状态下成长，也容易造成他们不会为人着想，无法和他人构建起良好的人际关系。拒绝上学、学校欺凌弱小和拒绝上班等行为的起因也与此有关。在拥有这种特性的人中，会出现无法采取正常求爱行动而使用跟踪这种错误方式的跟踪狂。

关键词 ———— "跟踪狂防御策略"

第一，一定要明确表达出"不"的讯息，只是见面聊天给予他满足感是无法解决问题的。第二，最有效的方式是请家人、上司、朋友，甚至律师、警察、咨询师等"第三方"出面。

跟踪狂的五种类型

1 身心症类型

由于精神分裂症等身心疾病，产生了恋爱妄想，以为对方也对自己怀有好感。这种类型的人大部分同时还患有各种类型的关系妄想和被害妄想。

2 偏执狂类型

不论别人说什么都不会动摇，具有强烈的恋爱妄想。和①不同的是，这种类型的人在其他方面和普通人没有什么不同。

4 自恋类型（自恋型人格障碍）

经常性的以自我为中心，认为自己被称赞是理所当然的事。当遭到拒绝时，会产生激烈的攻击性反应。

3 边缘类型（边缘型人格障碍）

情感非常不稳定，介于身心症和精神病患之间的类型。这种类型的人完全不在意是否对别人造成了困扰或不愉快。

5 精神病患类型（反社会型人格障碍）

单方面地表现自己的欲望和感情。这种类型的人大多有违法犯罪的前科，同时大多没有工作。

出处：《跟踪狂的心理学》（福岛章著，PHP研究所新书）

关键词 ●——— 《改正骚扰规制法》

依据日本2000年制定的《改正骚扰规制法》，跟踪行为构成犯罪的一种。据说这些跟踪者只要接到警察的警告，大多数马上就会停止跟踪的行为。对于心理特征是"幼稚和不成熟"的跟踪者来说，他们对权威者提出的警告似乎有意外顺从的一面。

欺负自己小孩儿的原因

难道丧失了养育孩子的母性了吗？

● 认为孩子是自己的所有物

所谓虐待儿童，是指父母对自己的孩子进行身体虐待（殴打、用烟头烫伤皮肤等）、精神虐待（语言暴力等）、性虐待（近亲相奸等），弃养和拒绝照顾儿童（不给孩子食物、对幼童置之不理），甚至导致死亡。经过调查发现，日本在2007年由虐待致死的51起案件中，加害者是亲生母亲的占70.4%，亲生父亲的占20.4%；动机为"管教"的占24.3%，接下来比例比较高的动机分别为"对孩子不听话的反应""精神疾病造成的行为""非期望下的怀孕、生产"等。

对于这样的问题，大众通常都会怪罪于父母的异常性或母性丧失等，容易认定为这是由现代人的病态造成的结果，但是虐童的情况实际上很久以前就存在于世界各地了。

会虐待孩子的父母通常具有不成熟的社会性，情绪不稳定，而且患有无法压抑攻击和愤怒的人格障碍。他们认为孩子是自己的所有物，可以随心所欲地加以控制。

像这种假借管教之名实施的暴力，只要孩子不听话就蛮不讲理的发怒的情况，之后只会愈发严重，于是孩子就会被养成怀有心灵创伤的"成年儿童"（Adult Children，简称AC）。

● 会虐待孩子的父母大多也是受虐长大的

大部分会虐待孩子的父母，自己在幼年时期也有过被虐待的经历。父母本身对于自己在幼年时期遭受的虐待存有创伤，因而在无意识中会将自己受虐的经历投射到自己的孩子身上。虐待不但会造成孩子身体与精神上发育迟缓的问题，有时也会演变成"创伤后应激障碍"（PTSD）、"分离性障碍"等重大的疾患，而这样的障碍会更加助长父母虐待孩子的情形。

施虐者 / 受虐者

受虐儿童的常见特征
身体上、精神上发育迟缓，有人际关系障碍，自我评价低，还会尿床等。

主要加害者

亲生母亲	70.4%
亲生父亲	20.4%
母亲的交往对象	3.7%
其他，如继母、继父等。	

主要动机

管教小孩儿	24.3%
小孩儿不乖等（对孩子不听话的反应）	13.5%
妄想等（精神疾病造成的行为）	13.5%
因疏于照顾而造成的结果（无杀意、害意）	13.5%
否定或拒绝承认孩子的存在（非期望下的怀孕、生产）	13.5%

注：其他动机还包括把对伴侣的愤怒转移到孩子身上等。（出处：《关于虐童致死事件之鉴定结果等》，日本厚生劳动省）

在家庭这个密室里发生的犯罪，
非常难发现，也很难处理。

偷窥

为什么要偷看呢？最后会动手触碰吗？

任何人都有偷窥的心理吗？色狼都是胆小鬼吗？

● 在"没有获得对方同意"下看到的"秘密"令人兴奋

"偷窥"和"偷拍"，是借由偷偷窥视或偷拍他人更衣、入浴、如厕、发生性行为的画面，得到性兴奋和性满足的行为。在某种程度上，这种行为也属于一般的性需求，但是如果因为强迫症的关系，忍不住就想偷窥而演变成惯性偷窥的话，就属于"窥视症"了，这是一种"性反常行为"。

通常患有窥视症的人，已经无法借由观赏脱衣舞或利用"窥视小屋"等在"双方同意"的前提下进行的偷窥得到满足。一般来说，他们的性兴奋会在自慰后结束，并不会增强到强制猥亵或强奸的地步。

弗洛伊德指出，这种偷窥的欲望，源自幼年时期看到自己的性器官造成的心理现象。或者，也有可能因为在幼儿时期目睹了父母进行性行为，由此导致的一种反复强迫重现原画面的心理反应。

● 色狼都很胆小而且唯唯诺诺

"色狼"大部分都是在都市中，特别是在人员混杂的公共交通工具上进行性犯罪的人。这些色狼的共同特征，就是胆小又唯唯诺诺。色狼的冲动，除了源于对性的欲求不满外，生活压力造成的精神上的不平衡也是重要的原因之一。但是，他们并不认为自己有错，反而怪罪于和他们同乘的被害者。于是在这样自以为是的理论和合理化自己的行为下，大部分人对于自己的所作所为并不会产生罪恶感。此外，被害者的沉默也会造成行为者误以为对方并不讨厌，反而更加助长这样的行为。

一般来说，只要被害者做出反抗或者大声喝止，色狼就会马上终止侵犯行为。最近会抵抗和告发的女性虽然有所增加，但是另一方面遭到冤枉的情形似乎也变多了。

会做出偷窥和色狼行径的都是哪种人？

偷窥的人

- 自卑感和不安感（对自己的不满）强烈，大部分在与异性交往的社交技巧上不纯熟。
- 对于"偷窥"这种行为，也被认为隐藏着对该对象的支配欲和攻击性。
- 年轻男性较多，女性较少。
- 与欧美国家相比，日本的色狼和偷窥者较多（欧美国家则以裸露癖者居多）。

会做出色狼行径的人

- 除了对于性的欲求不满外，因压力造成的精神上的不平衡也是重要原因之一。
- 有时候也有女性做出这样的行为。
- 还有团体行动，进行有组织、有计划性的侵犯行为。

关键词 ●—— 偷窥和色狼行径都是犯罪行为

在日本偷窥（窥视）除了因侵害个人隐私与骚扰行为会以违反轻犯罪法论罪外，在各都道府县的迷惑条例①中也可以看到，这种骚扰行为有时会被处以"1年以上徒刑或100万日元以下的罚金"（东京都）。色狼也会因违反日本各自治体制定的迷惑条例或强制猥亵罪定罪（6个月以上10年以下徒刑）。

①为防止对大众造成明显困扰的暴力或其他不良行为而制定的日本法律规定的总称，其中"迷惑"一词为日本原文，是"麻烦、烦忧"的意思。

梅川昭美
——三菱银行人质事件（1979）

与警方对峙42小时，自暴自弃做出"不成功便成仁"的决定。

● **在银行内开展的"地狱变相图"**

　　1979年1月26日下午，梅川昭美（当时30岁）在大阪市的三菱银行北畠分行用自己携带的猎枪开了一枪后，准备进行抢劫。

　　他要求女性柜员拿出5000万日元，并毫不犹豫地射杀了一名将手伸向紧急报警电话的男性柜员，接着继续要挟柜员拿钱出来。当柜员把钱塞到他带来的背包时，他还连续射杀了巡逻中的警部补[1]和迟迟赶来的巡查员。当骚动越闹越大时，梅川放下了银行的铁制卷帘门，利用桌子和沙发设置屏障，将银行内四十名职员和顾客当作人质，开始和警方对峙。梅川还命令人质排成一列，指名要分行行长站出来，就在分行行长往前踏出的瞬间将他射杀。

　　梅川引述了帕索里尼的电影台词——"让你们尝尝看在罪恶之都的滋味"，让所有人质和四具尸体一起在银行内待了42小时，逼迫他们体验地狱般的感受。他还要求女性全裸、男性则必须光着下半身走路。梅川把他们当作盾牌，也不让他们上厕所。更加残忍的是，他竟然让其他职员切下已经奄奄一息的男性职员的耳朵。到了1月28日早上8点41分，大阪府警察的特殊部队警察官共33人终于成功攻破银行，集体将梅川射杀。

---

①日本警察的级别之一，位居警部之下、巡查部长之上。

● 到底是"一举成功"还是"自我疗愈的一场赌局"呢？

梅川在15岁时就犯下过抢劫杀人致死（杀人）罪，被送至中等少年院。当时，精神鉴定的结果是"冷酷、反社会的、不协调性精神病质，造成了他容易产生短路反应和缺乏感情"。他身上表现出了司奈德所说的无情的病态性格者和《精神疾病诊断与统计手册》（DSM）划分的"反社会型人格障碍"的特征。一年半后，他从少年院得到假释，之后虽然没有犯罪记录，但是总的来说，他的人格问题到最后都没有矫正成功。

三菱银行人质事件发生之前，梅川还曾说过"我也到了不应该让老妈担心的年纪"。可能就是这个原因，他想要借由抢劫银行一举得到大量金钱也说不定。又或者，他不稳定的忧郁气息和挫折感驱使他做出放手一搏的行动，想借此来恢复他的自我认同感。

当时，手持猎枪与警方对峙的梅川，心里到底在想些什么呢？

关于这个事件，媒体以煽动的方式报道事件开始到警察官闯进银行为止的情况，将梅川塑造成一种"反派英雄"的角色。此举造成的事件过后，袭击银行与信用金库的实时抢劫犯罪流行了一段时间。

何谓精英犯罪?

企业或组织以利益为最优先考量的逻辑思维，也会衍生犯罪行为

● **最具代表性的是贪污、贿赂及渎职**

所谓"白领阶层犯罪"，是指社会地位高、有名望的人在业务过程中实施的犯罪，主要包括贪污、贿赂、侵占、渎职、内线交易等与金钱相关的犯罪。

对于利用个人身份和地位中饱私囊，有不少人将其视为公司的"惯例"，因而当事人的犯罪感和罪责感十分淡薄。由此可以显现出个人对公司这个组织的过度适应，以致忘却了要遵守法律规范。

● **公司集体犯罪**

像这种重视利益甚于遵守法令的企业体制下所产生的犯罪中，也有公司组织全体大规模进行犯罪的例子（组织型犯罪）。比如，2000—2001年间，日本的雪印乳业公司（当时日本最大的乳制品企业）及其子公司雪印食品公司爆发了"雪印食物中毒事件"和"雪印牛肉伪装事件"；2002年，日本三菱汽车爆发了长期隐瞒产品缺陷的事件，也可以称之为组织型犯罪。用外界的眼光来看，这些难以置信的犯罪似乎可以说是在日本特殊的终身雇用、年功序列①的企业文化下产生的社会病态现象。

近些年来，经由内部告发让这种形态的企业犯罪公之于世的情况逐年增加。这或许是因为在全球化趋势下，企业不得不实施大规模改革的缘故吧。

只不过，由于组织群体犯罪的情况不容易被发觉，而且就算被发现了，也有可能因为藏匿资料造成证据不足，最后很多都以不起诉的处分结束，这也是组织犯罪的特征之一。此外，在问题暴露时，有时也会由个人负起全部责任，即在内部准备一个人来替组织做替罪羔羊。

---

① 这是日本的一种企业文化，以年资和职位来制定标准化的薪水。

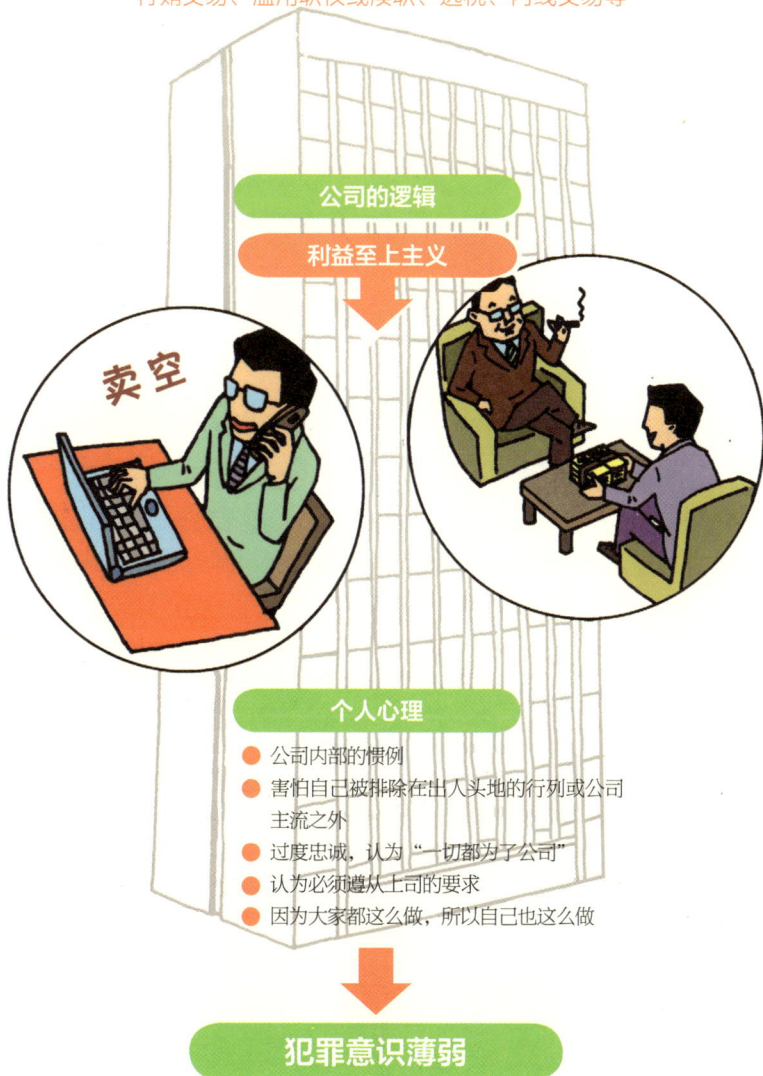

比起法律规定，更加重视利益的公司的思考逻辑

行贿交易、滥用职权或渎职、逃税、内线交易等

公司的逻辑

利益至上主义

卖空

个人心理

- 公司内部的惯例
- 害怕自己被排除在出人头地的行列或公司主流之外
- 过度忠诚，认为"一切都为了公司"
- 认为必须遵从上司的要求
- 因为大家都这么做，所以自己也这么做

犯罪意识薄弱

与社会对立的邪教

把邪教狂热者扭曲的理想真实地呈现出来

● 邪教本质上就是一个反社会集团

1995年由奥姆真理教主导的东京地铁沙林毒气事件，一举将邪教的恐怖印象刻在人们心里。邪教指的是由狂热的宗教分子组成的集团，而且大部分在教义中都有触及末世论，用教化和洗脑的方式灌输他们是上帝选民的意识。因为具有强烈的排他性和反社会性，所以说邪教是与社会对立的存在。

率领邪教的是绝对的教主（"无上尊师"），也就是司奈德所说的"狂热分子"。像1978年美国"人民圣殿教集体自杀事件"中逼迫915名信徒自杀（300名以上为他杀）的教主吉姆·琼斯就是典型的狂热分子。奥姆真理教的教主麻原彰晃（本名松本智津夫）也可以称作狂热分子，更为严重的是，他是具有强烈自卑意识的心因性偏执狂，同时还患有幻想性谎语症（Pseudologia Phantastica）。可以说，他将个人的妄想、对死亡的恐惧，扩大成了对社会和国家的攻击。

信徒在这些可以称为狂热分子的教主身边，由于受到心灵上的控制，更加强化了他们对教主的绝对服从。

● 为达到目的不择手段

邪教是一种企图消灭所有宗教的"敌对组织"，因此他们将暴力合理化。他们认为自己立足于超越现实的次元，像政治恐怖主义者一样不受政治、道义的制约，可以毫不犹豫地实行破坏活动和随机的恐怖攻击。他们的目的不乏"世界末日之战"（Armageddon）或"实现他们心中的王国"。

虽然奥姆真理教进行的东京地铁沙林毒气事件（参阅第126页）也宣称是为了要达到这样的终极目的，但或许也可以说，这些信徒只是随着麻原个人的情结与妄想起舞而已。

邪教组织危险的末路

绝对领袖
（教主，无上尊师）

| 暴力 | 洗脑（心灵控制） | 严格的规章 | 对家族的否定 |

对外部抱有
被害妄想性的敌意

形成封闭的坚强集团

末世论

对社会做出
破坏性的行动
（对外）

集体自杀
（对内）

关键词 ——— "恐怖事件"的恐怖之处

　　所谓恐怖主义，是指借由暴力主张政治、宗教与党派思想的行为。为了达到他们的目的，只要是被恐怖主义盯上的对象，不论国家组织、集团还是个人，都会遭到无差别对待。

黑道组织

与社会背离的帮派犯罪

敌视并对抗这个不接受自己的社会

● **无法融入社会主流，因而起身对抗的少数人集团**

　　一个社会当中，一定存在着一些由少数异质分子组成的集团和边缘集团。由于这些少数人的集团和文化具有与主流集团、主流文化相反、相对抗的价值观，于是我们将这种文化称为"次文化"（副文化、下位文化，Subculture）。其中被称为违法的、犯罪的代表性次文化团体，在日本就是暴力集团、极道组织和暴走族等，在欧美则是黑手党。

　　暴力集团等次文化的组成成员，由于在成长环境、经济、学历等背景上有缺陷，因此认为自己被剥夺了获得地位、财富和名誉的机会，或至少有这样的感觉。他们对于将自己拒之门外的社会主流价值观存有敌意，行事方式上故意选择和主流相反的模式，也不避讳犯罪。通常这一类型的人以杀人、伤害等暴力犯罪或恐吓等暴力取财犯罪为主。

● **日本特有的暴力集团 —— "极道组织"**

　　"极道组织"是日本独特的一种次文化。极道组织基本上属于利用收取保护费、经营卖春交易赚钱的暴力集团，与此同时，就像在侠义电影中看到的一样，他们也重视"义理人情""成为真正的男人"和"人生苦短"等独特的意识，每个团体还有各自的规定和严格的规范。

　　青春期是自我认同（Ego Identity）形成的时期，同时也会产生认同危机造成的心理混乱（参阅第96页）。此时，有人因为可以借由加入具有强烈规范性的极道组织或暴走族这种次文化中，获得安心感和认同感。我们称这种现象为获得负向认同，这也是许多问题青少年明明知道会遭到社会责难，还是投身于违法集团的原因所在。

加入暴力集团的心理因素

暴力集团

无法顺利成为社会所追求的"出色又正经"的人，他们期望摆脱心中惶惶不安的状态，因此追寻着安心感和认同感。

与集团共同的价值观
- 人生苦短
- 成为真正的男人、成熟的男人等

所谓暴力集团
- 以团体为单位，习惯性地进行暴力等不法行为的组织。
- 利用非法手段进行经济活动的犯罪组织。

关键词 ●——— "暗杀"所代表的正义

　　"暗杀"是指"在政治动机驱使下，以非法手段将某个担任公职的人杀害"，实际上，大部分刺客都是具有精神障碍的患者、间接自杀者和模仿犯罪者。此外，极道组织中实施暗杀的"子弹刺客"①，他们杀人的目的虽然说是为了组织的正义，但对于实行者来说，这样的行为其实还具有"成为成熟的男人""为自己镀金"这种自我表现欲和轻浮躁动的心理。

① 日文原文为"砲玉"，代表抱着必死的决心像子弹一样一去不返的刺客。

自杀

为什么要自杀？

自杀是唯有人类能够实行的悲痛行为

● 自杀者以50岁以上男性居多

自杀虽然不是犯罪，但它也是严重的社会病态之一。按照警察厅的统计，2006年日本自杀的人数共计32,155人，在全世界范围内算是自杀率相当高的国家。从年龄层次来看，60岁以上的高龄人口占34.6%，之后为50～60岁的人。高龄人口的自杀动机，压倒性地以健康因素最多，50～60岁的人则以经济和生活上的问题为主。其中，男性自杀者的比例又占全体的七成。近年来，新闻媒体大肆报道的未满20岁少年的自杀比例，其实仅占全体的2%。

自杀者大多是因为受病痛、孤独和生活所苦（或是自己这么认为）才企图自杀的。我们可以发现他们在自杀前，都有某种程度的"自杀前症候群"，也就是自我封闭、压抑的攻击性和逃避现实这三项特征，而这些特征也正好和精神疾病中，自杀率最高的忧郁症患者的症状相同。

● 有些杀人者原本就有自杀意图

自杀是一种将"杀人"的对象转换为自己的行为，也就是说，这是一种杀死自己的杀人行为。杀人的人经常在犯罪前就已经有自杀的想法。

尤其是结伴自杀和大量杀人事件的犯人，本身具有自杀想法的概率最高。企图大量杀人的犯人，因为对人生绝望而产生自杀的意图，对这个把自己逼到绝境的社会的怨恨或嫉妒，衍生成想让更多人陪他一起死的心理（扩大性自杀）。此外，还有一种为了获判死刑而做出重大犯罪的情况（间接性自杀）。自杀期望者因为太爱自己的家人、情人而带着他们陪自己一起自杀的结伴自杀，也属于扩大性自杀的一种。

自杀期望者的内心世界

自杀前症候群

1 **自我封闭**
失去活力、无法想象自己的未来。孤独、绝望。

2 **压抑的攻击性**
平常对于环境或他人累积起来的抑郁情感。

3 **逃避现实**
认为自杀也是能够让自己从痛苦的状态下解脱的方式。

自杀人数的演变
出处："平成 十八年 自杀概要资料"，日本警察厅

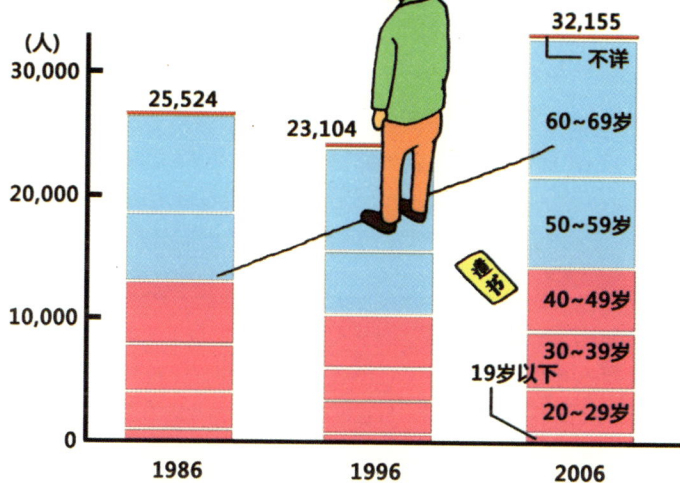

（人）

30,000

25,524

23,104

32,155

不详

60～69岁

20,000

50～59岁

遗书

40～49岁

10,000

30～39岁

19岁以下

20～29岁

0

1986　　　　1996　　　　2006

关键词 ● —— "谋杀—自杀"（Murder-Suicide）是犯罪吗？

　　"殉情"原本是指为情自杀，相爱的男女为了向对方表达自己不变的爱，在双方同意的前提下选择共同赴死。但是，如果没有留下遗书，就很难判定是"殉情"还是"先谋杀后自杀"。而且如果加害者存活下来，就会以杀人罪被逮捕。

药物成瘾

为什么会对药物上瘾？

由爽快、兴奋演变为幻觉和妄想的俘虏

● 药物所引发的各种犯罪

针对兴奋剂等药物所引起的犯罪，可以分为下列四种：

①因药物的药理作用（幻觉、妄想、错乱等）造成的犯罪；

②药物成瘾者为了获取药物而引发的各种犯罪；

③违反兴奋剂取缔法、药物取缔法等各种药物取缔法；

④与药物买卖、交易相关的各种犯罪（暴力集团杀伤、软禁事件或走私出入境等）。在此，将针对由药物造成的精神状态异常引发的犯罪进行解说。

使用兴奋剂，不但会使睡意和疲劳感消失，同时也会产生多动、兴奋和爽快的感受。在1951年以前兴奋剂还合法的年代，一般人为了消除疲劳皆可将兴奋剂当作处方来使用，当时对于它可能造成的伤害、习惯性和中毒后所引发的精神障碍等并没有多加注意。

● 使用兴奋剂会产生妄想

如果长期使用兴奋剂，最终会在停药时产生不快、忧郁等反作用，于是开始惯性用药和滥用药物，陷入药物中毒的状态。而这种药物中毒将会导致精神状态异常（兴奋剂精神病）。

精神状态异常的症状包含幻视、幻听等幻觉，以及被害妄想和关系妄想，尤其是"自己被敌人包围"这种包围攻击状况的妄想最为常见。这也是引发过路魔和大量杀人等重大案件的重要原因。此外，也有一种说法指出，有些本身具有暴怒、冲动和无情的病态等人格障碍的人，会因为兴奋剂的药理作用而犯罪。

再者，即使曾因兴奋剂成瘾接受治疗得以恢复正常，也很容易会再次因为受到刺激突然唤醒成瘾时的精神病症状，以致出现错乱和倒叙反应（Flashback Effects，例如心跳加快、血压上升、脸潮红、睡眠障碍等）。

药物的效用与其造成的犯罪

安眠药、镇痛剂的效用
爽快的幸福感。由于镇痛剂有刺激性，所以有时也会引发暴力行为。

→

犯罪案例
某个女性对被害人处以私刑，例如用烟蒂烫伤被害人的全身。

稀释液（有机溶剂）的效用
酩酊感引发心境变化，而且产生幻觉。

→

犯罪案例
某个少年因吸食毒品而产生自己正在开跑车的幻觉，准备将停在路旁的小货车开走。

兴奋剂的效用
具有兴奋作用，使人情绪高昂。

→

犯罪案例
某个男性因为妄想邻居说自己坏话，所以持刀刺伤了邻居。

犯罪案例研究

因兴奋剂变成"被狩猎者"

● 红人C的兴奋剂犯罪

背景 C（事件发生时44岁）从初中起就经常做出违法行为，20～40岁之间不断出入少年院和监狱，并且从这时起使用兴奋剂。

过程、结果 C成为暴力集团的大红人之后，因为过度服用药物，开始产生被不明人士追击的妄想。在一次把同伙当作敌人枪击的事件中，造成对方重伤后开始逃亡，当他冲入一家建设公司时举起枪，并把老板娘当作人质死守在公司里。此时他又产生幻觉，以为四周已经被敌人包围，备受恐惧感威胁，在大约6小时后被逮捕。

将内心的缺陷升华为创作的天赋②

陀思妥耶夫斯基（1821—1881）

在发病的情况下创造出了恶魔般的犯罪者吗？

●通过犯罪维持人类的本质

在陀思妥耶夫斯基的小说中，有很多关于犯罪事件的描述。似乎人类善恶的本质与罪、灵魂的呐喊，就是他的文学主题。在他笔下的犯罪者，并非是出于金钱利欲或生活目的的犯罪者，而是各式各样的杀人犯、怪物般的人物和异端分子，甚至也看到到龙勃罗梭所说的天生犯罪人，以及《精神疾病诊断与统计手册》（DSM）中说的反社会型人格障碍的犯罪者。

陀思妥耶夫斯基细腻缜密地描写这些冷酷无比的罪犯心理，可以看出他尝试着想要追寻人类的本质欲望。然而，他本人其实是个感情充沛、慈悲又宽大的人。因此，到底是陀思妥耶夫斯基作品中的人物才是他的本性，于是在这种性格的反作用之下，才产生了真实世界中他的人格面具？还是情况刚好相反呢？这真的非常有意思。

●创作的根源来自发病期间对于天堂与地狱的体验

陀思妥耶夫斯基曾经因为批判宗教而被宣判死刑，直到执行枪决前才得到减刑，改以流放处分。他在流放于西伯利亚的严酷状态下曾经癫痫发作，而且是典型的大发作，因此他常常会突然出现意识消失、丧失记忆、意识混乱的状况。说不定这种发作前的恍惚与发作后产生的深沉忧郁状态，就是他经常在作品中描述的天堂与地狱、神与恶魔的创作泉源。

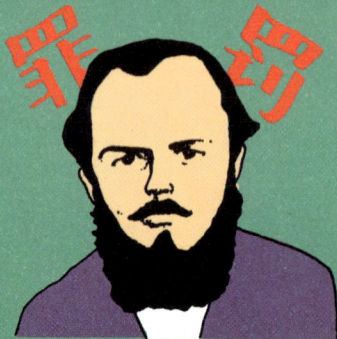

3
Chapter

找 出 心 中 的 怪 兽

第三章

造成青少年非行的是
环境还是本质使然？

青少年犯罪与成人犯罪不同吗？

在20岁和14岁之间做出明确的区分

● 成人就是犯罪，青少年则是非行

所谓青少年非行，是指未满20岁的青少年（男女皆称为青少年）做出违反刑法法令的种种行为。即使是像杀人这样的重大犯罪，如果犯罪者是青少年，也算是"非行"。"犯罪青少年"依《日本少年法》可分为以下三种：

触法少年：未满14岁违反刑法法令者。

犯罪少年：14岁以上未满20岁违反刑法法令者。

虞犯少年：未满20岁，有一定的不良行为，或者受到个性和环境的影响，将来有可能违反刑法法令者。

当青少年犯罪时，通常情况下都会被送至"家庭裁决所"为主的司法机关进行处理，但若犯法的是未满14岁的少年的话，依据《儿童福祉法》，通常情况下大多被检送至"儿童咨询所"这类地方自治团体或行政机关进行处理。

● 青少年非行正在增加吗？

根据日本《犯罪白书》所述，平成十八年（2006年），青少年被当作刑犯逮捕的人数（含辅导中的触法少年）为164,220人，比起巅峰时期少了很多。虽然因为现代社会少子化导致了青少年人口整体在减少，但是就算从所有被逮捕的总人数来看，青少年的人数比例也没有明显增加的倾向。

那么，青少年犯罪有逐渐凶残化和恶性化的现象吗？事实上，杀人、强奸等凶残犯罪，长期来看已经趋于减少和稳定了。虽然从媒体的报道来看，青少年的异常犯罪事件似乎很常见，但是要依照媒体报道来评断青少年犯罪的整体动向，可以说言之过早。

何谓青少年非行？

触法少年
未满14岁违反
刑法法令者

犯罪少年
14岁以上未满20岁
违反刑法法令者

犯罪者
20岁以上（成人）
违反刑法法令者

14岁　　　　　　　　20岁

虞犯少年　未满20岁，有一定的不良行为，
或者受到个性和环境影响，将来
有可能违反刑法法令者。

主要由儿童咨询所处理　　由家庭裁决所处理　　由法院（刑事组）处理

非行少年（青少年刑犯）被检举人数的变化

出处：《平成十九年版犯罪白书》

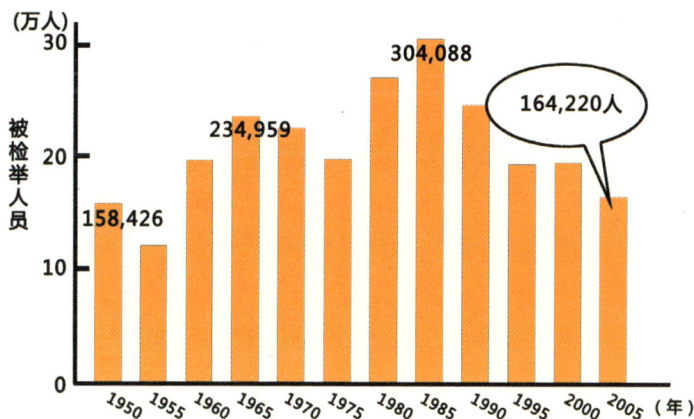

（万人）

被检举人员

158,426

234,959

304,088

164,220人

1950　1955　1960　1965　1970　1975　1980　1985　1990　1995　2000　2005　（年）

为制裁犯罪青少年所制定的法律

目的不在于处罚，而是为了使青少年健康成长

● 少年法是"爱的法律"

在日本，未满 20岁的人（青少年）犯罪时，会依据《日本少年法》接受审判；未满14岁的儿童则优先以《儿童福祉法》进行审理。

对于青少年犯罪事件，首先会由警察将青少年检送至家庭裁决所，接着再由家庭裁决所下达不起诉、释放、保护观察或者检送至少年院等判决结果。但是，如果青少年犯罪造成了被害者身亡等，其犯罪行为重大到必须等同于成人处以刑事处罚时，也有从家庭裁决所移送至检察厅（返送），让青少年与成人同样接受刑事审判的情形。此时，就算是青少年也必须接受刑事处罚，不过未满18岁不会被处以死刑（处理流程请参阅下一页的流程图）。

少年法的根本是"保护主义"，与成人犯罪者必须追究其行为责任的罪刑法定主义有一线之隔。说到底，少年法只是希望将青少年的发展及教育导向正轨，这就是少年法又名"爱的法律"的原因所在。

● 严罚化的对错

青少年的重大犯罪事件层出不穷，随着时代的演变，救助被害者的立场逐渐受到重视。2000年11月与2007年5月，日本两次对少年法进行了修正。

被返送至检察厅的青少年犯罪者的年龄从原本的16岁以上修正至14岁以上，与此同时，16岁以上的青少年犯下与人命相关的重大事件时，原则上会由检察官进行移送。另外，青少年犯罪者若超过了12岁，也可能会考虑移送至少年院。从这些新规定来看，不难发现少年法有严罚化的倾向。这同时也是考验严罚化是否能减少青少年犯罪的问题、审视"爱的法律"是否有价值的时候。

青少年犯罪者首先会由家庭裁决所判决处置

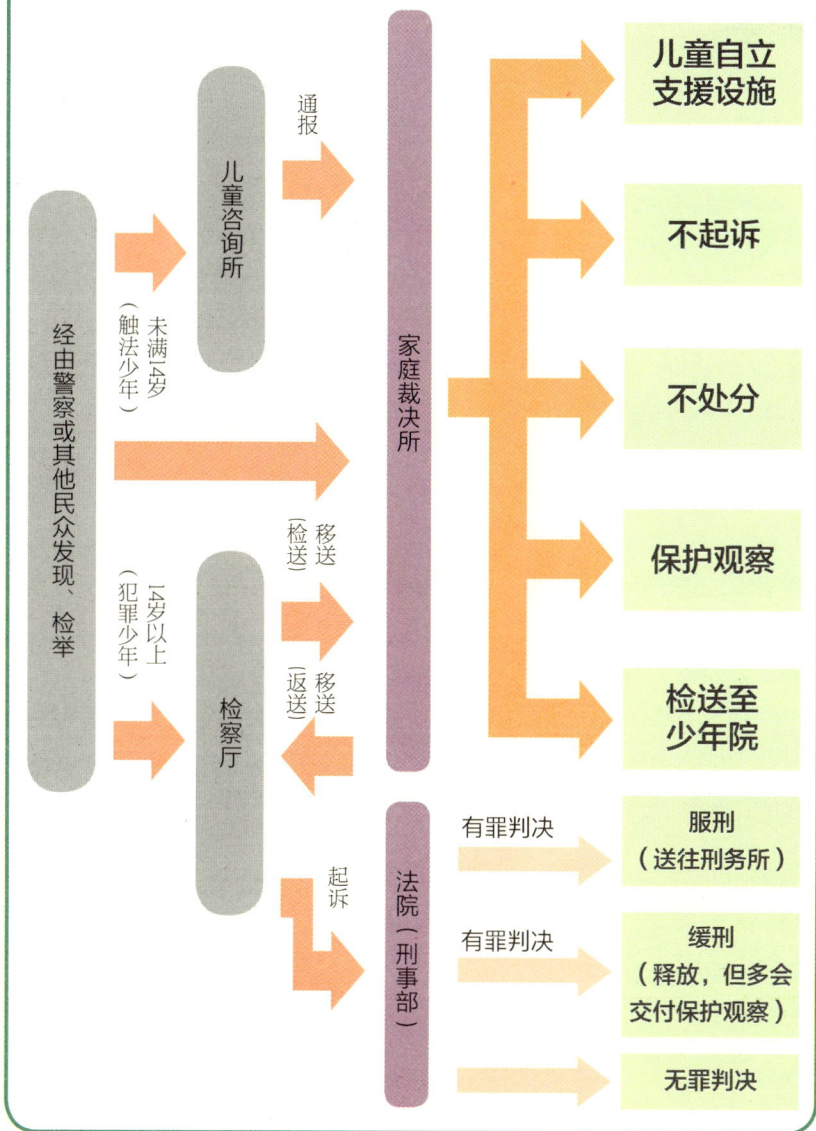

```
经由警察或其他民众发现、检举
```

未满14岁（触法少年）→ 儿童咨询所 → 通报 → 家庭裁决所

14岁以上（犯罪少年）→ 移送（检送）→ 家庭裁决所

检察厅 ← 移送（返送）← 家庭裁决所

家庭裁决所 →
- 儿童自立支援设施
- 不起诉
- 不处分
- 保护观察
- 检送至少年院

检察厅 → 起诉 → 法院（刑事部）

法院（刑事部）→
- 有罪判决 → 服刑（送往刑务所）
- 有罪判决 → 缓刑（释放，但多会交付保护观察）
- 无罪判决

造成青少年犯罪的原因
在于个人本质还是环境？

遗传的资质、环境、教育等都是原因

● 恶的种子会结出邪恶的果实吗？

19世纪末，意大利的精神病学家龙勃罗梭认为，先天缺陷是造成人误入歧途或犯罪的原因，因为"恶种发恶芽，只会结出邪恶的果实"。

1950年，美国的格鲁克夫妇在十年间调查了大约1000名少年，统计后发现了非行少年与一般少年在统计上的差异——非行少年的双亲，有很高的比例都有犯罪经历且酗酒，甚至有性格异常的情形。这项研究结果显示，遗传的资质是造成青少年非行的主要因素之一。

格鲁克夫妇的研究十分广泛，从他们的研究中，还可以看出非行少年的各种特征（参阅下一页）。而这些特征，大致上都和我们印象中的"非行少年"的样貌相重叠。不过，不能断定这些就是造成青少年非行的原因。因为这些特征有可能并不是非行的原因，或许是由非行造成的结果。

● 无法"制约"的孩子容易走偏

英国的行为心理学家艾森克（Hans Jurgen Eysenck）利用"学习"和"制约"的机制来分析非行后发现，人类也和"巴甫洛夫的狗"一样，如果在它做对事情的时候给予奖赏，在它做错事的时候确实给予惩罚，自然而然就会养成做出正确行为、抑制错误行为的习惯。但是在遗传和本质上，比较外向、精神病比较严重的孩子，因为无法施加上述条件，所以容易走上歧途。这是艾森克从幼儿时期给予适当的条件刺激，加上孩子本身的资质综合思考后，所得出的关于青少年非行的结论。

非行少年真貌

1 有先天缺陷？

龙勃罗梭认为有"天生犯罪人"。身体方面的特征包括下巴突出、颧骨高耸、耳朵尖尖等。
→这是受到当时的新思想（《进化论》等）影响所产生的想法。在现代，这种说法备受争议。

2 双亲有问题？

美国的格鲁克夫妇认为，非行少年的父母大部分都有犯罪和酗酒的经历。此外，也有很多非行少年的父母患有情绪障碍。
→遗传及环境双方面都会给孩子造成影响吗？

3 体形有固定特征？

格鲁克夫妇认为，非行少年的体形大多是肌肉型，不太会有肥胖或瘦弱体形的人。

4 有特定心理特征？

格鲁克夫妇和萨哈特（Schachtel）认为，非行少年的性格中具有反抗性，同时有野心和竞争意识。爱和人唱反调，感情和情绪方面的控制力较弱。

5 无法成功制约？

艾森克认为，非行少年没有像常人一样受到一般规范的制约。
→虽然不是所有非行少年都如此，但是在对非行少年进行治疗时，还是会采取惩罚与奖赏并用的方法。

"误入歧途"是什么意思？

多为青春期这个过渡阶段的一时现象

● 在"我究竟是谁"这个问题上的危险解答

所谓小孩儿长大成人，是指确立了"自己"的存在性，或者说形成了"自我认同"的意识。而所谓自我认同的意识，是由两方面构成的确实感受——"自己对于作为自己而活实际存在的意识"以及"自己与自己所属社会的人们，在某种本质的性格上具有共通性，与世界存有连结感"。

青春期可以说是人类从青少年转变为成人的一个过渡阶段，若无法在这个时期顺利获得自我认同，有的人在心理上就会陷入混乱和失序的状态。一旦不明白自己存在的意义，就会迫切地想知道答案，这就是所谓的"认同危机"。

● 从半吊子的正派人物，选择成为完全的坏人

所谓"负向认同"，是指将那些社会不喜欢、会受到旁人批评的特点当作自己的特性。他们无法顺利获得符合社会期待的正向认同，于是与其处于这种半吊子的状态中，不如选择加入不良分子或非法集团，以获得更真实的存在感和伙伴意识，这就是我们所说的"误入歧途"。人们之所以会选择这种负向认同，大多只是一时冲动，但是也有些人从此朝着成人犯罪者的方向发展。

其中最为严重的就是，陷入"认同扩散"的情况。认同扩散是指一个人既没有取得正向认同，也没有取得负向认同，因而觉得自己的存在好像是失了魂的空壳一样。从精神医学的角度来看，它比较接近精神分裂症等的状态，因而有时为了确认自己的存在价值，会做出不合理的举动和绝望性的尝试等，甚至会导致重大犯罪。

我到底是什么样的人？

为了从青少年转变为成人，
必须确立自己存在的意义
（确立自我认同）

认同危机
"自己到底是什么人？"

正向认同

自己和自己所属的社会
大众有相同的道德基
础，能确立共同的自我
认同感。

**成为社会的一分子，
向成人的道路前进。**

认同扩散

无法确立自我认同，失去
自主性、主体性，感觉就
像是失了魂的空壳。

负向认同

选择一般社会大众不喜欢的
生活方式，例如飙车族、暴
力团体、流氓、吸毒者、自
杀爱好者等。

对抗的认同

就算是社会无法接受的自我
认同，也要向自己相信的道
路前进。

引发精神疾病，或者
做出反社会的行动，
只为了确认自己的存
在价值。

有时也会与社会发生
冲突，造成犯罪。

何时是青少年最容易误入歧途的时期？

青春期正是变化的时期，在转变为成熟大人时所产生的内心纠葛有可能会衍生违法的事情

● **总在转折点出现的危机**

犯罪心理学家森武夫认为，造成青少年非行的因素包括基本的危机（基本因素）、个人的危机（个人因素）和青春期的危机（青春期因素）三种，其中有一种因素会扮演主要角色，另外两种因素则扮演配角，让青少年非行成形。

在这三种因素中，青春期因素是在少年转变为成人时，必然会遇到的一种"旧秩序与新秩序之间碰撞的危机"。青少年在青春期时，容易陷入不安、绝望、不稳定的精神状态中，同时这也孕育着往新的方向前进的可能性和转折点。此时，青少年逃避心里出现的纠葛和危机的方法，会表现在亲子间的冲突、结交坏朋友、夜不归宿等行为上。若是内向的孩子，可能会表现在拒绝上学或家庭暴力等行为上。

● **为了转变为成人所面临的课题立即显现**

青春期的青少年是既不是小孩儿、但又称不上大人的"边缘人"。青少年要转变为成人必须通过性别认定、离开双亲、加入团体生活以及找到生活目标等几项考验。但是在现代日本社会中，由于男女角色流动化、家长又过度保护小孩儿，使得青少年转变为成人的转变期延长。与此同时，生活在周围都是竞争对手的社会里，因为价值观多样化，会导致青少年不容易分辨行为的善恶，出现各式各样的混乱情形。这些就是导致青春期的危机更加严重的最大因素。

此外，青春期的危机也会衍生出其他心理问题，有的人会借由治疗恢复为正常的成人，但是也有的人因为无法得到适当的治疗，使得原本的心理问题转变为精神分裂症或人格障碍。因此，我们必须十分注意孩子在青春期的状况。

我到底是什么样的人？

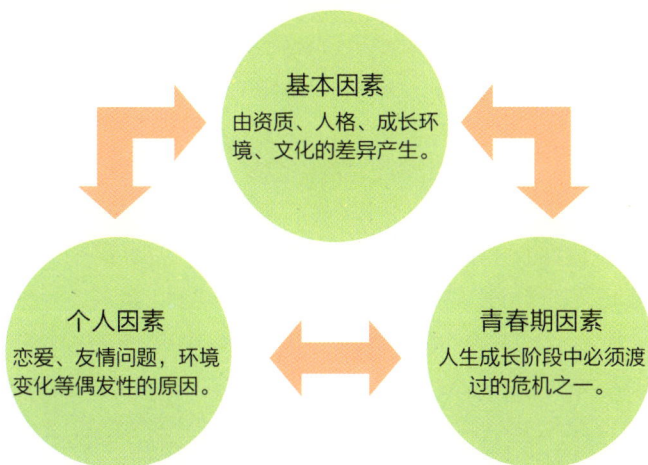

基本因素
由资质、人格、成长环
境、文化的差异产生。

个人因素
恋爱、友情问题，环境
变化等偶发性的原因。

青春期因素
人生成长阶段中必须渡
过的危机之一。

其中会有一种因素在非行中扮演主要角色

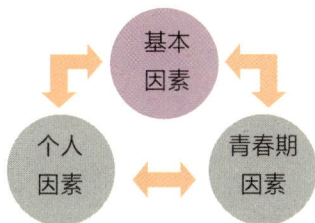

基本
因素

个人
因素

青春期
因素

无法从父母那里得到关爱，从幼儿期起
便有盗窃和纵火的行为。
→基本因素为主要原因

对于欺凌忍无可忍，最终杀了对方。
→个人因素为主要原因

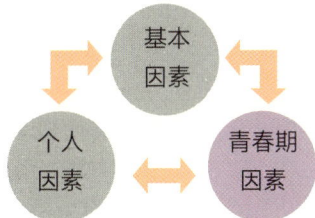

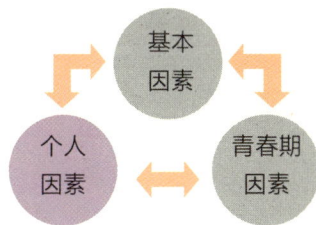

基本
因素

个人
因素

青春期
因素

基本
因素

个人
因素

青春期
因素

青春期时，对父母施以暴力，开始过
夜生活或吸毒等。
→青春期因素为主要原因

现今的非行／从前的非行

非行也是反映时代状况的一面镜子

● **非行少年随着时代的不同而展现出不同的面貌**

违法和犯罪行为每个时代各有其特征，例如，在第二次世界大战结束后贫困、物资缺乏的年代，有许多为了"吃"而产生的犯罪；而在富足、物资充裕的年代，则大多是顺手牵羊、侵占和违反药物管理条例等游戏型非行。

传统非行少年的特征都是生长于贫困的家庭里，从少年时代起开始抽烟、喝酒、打架、恐吓取财等，可能还会升级至实施盗窃、抢劫、伤害、强奸等犯罪行为，最后被收容至少年院。而且离开少年院后，他们仍不断犯罪，直到成人后加入暴力集团之类的不法集团。

虽然现在这种传统类型的非行少年还有很多，但另一个值得注意的现象是，"现代型"的非行少年正在增加。

● **很难找出犯案动机的"游戏型非行"诞生**

日本青少年违法犯案的总破获件数，在第二次世界大战后的半个世纪中，总共出现了三次巨大的变动潮。第一次的高峰是在1951年，以贫困和粮食不足为背景引起的偷窃之类的"生活型非行"。第二次的高峰是在1964年，主要是暴力、伤害、恐吓、强奸等粗暴型、攻击型非行。其背景被认为是因为高速发展的社会产生了新秩序，使得一些青少年跟不上时代的变化；与此同时，随着社会的都市化和工业化进程，青少年人口不断从家乡流入都市，这也造成青少年对生活环境变化产生了不适应等问题。这些都是使这类非行增加的原因，我们将其称为"反抗型非行"。

第三次的高峰是在1983年，这个时代的主要非行包括顺手牵羊、吸毒、自行车抢劫等，其共同特征是没有明显动机的"游戏型非行"。同时，犯罪者年龄层降低的问题也受到了相当大的关注。综上所述，随着时代的演变，非行少年基本的人格特性也会随之改变。

日本犯罪行为的演变

小偷！

第一次（生活型非行）

1951年（破获人数166,433人）
达到高峰。

● 以第二次世界大战后混乱期的贫困、粮食不足为背景产生的盗窃犯为最多。

第二次（反抗型非行）

1964年（破获人数238,830人）
达到高峰。

● 相当于高速成长期。学生运动时有发生，社会结构发生了极大变化。反抗和暴力是这个时期的关键词。

第三次（游戏型非行）

1983年（破获人数317,438人）
达到高峰。

● 犯法少年的年龄层降低，女性违法人数增加，顺手牵羊等轻微的金钱犯罪者等"初犯型罪犯"增加。值得注意的是，罪犯的犯罪动机不明显。

犯罪变成了一种游戏？

"因为犯罪令人兴奋" "因为大家都这么做"

● **不论什么样的孩子，都有可能成为非行少年**

从20世纪80年代至今，青少年非行倾向的特征就是非行的普遍化。我们之前对非行少年的印象始终停留在生活在贫困社会或社会底层的人，或者家庭背景复杂、教育水平较低、不找工作成天无所事事的人。

然而，现在的非行少年中，双亲健在、生活水平中上、拥有高中以上学历的人，占了非行少年的大半。在这种升学率提升、"一亿总中流化"①的背景下，这个时代的孩子就算一点儿都不特别，也有可能成为非行少年。

● **享受犯罪带来的兴奋**

近年来，"游戏型犯罪"成为青少年非行的新形态，受到大众关注。所谓游戏型犯罪，是指犯罪动机除了犯罪本身的行为以外没有其他目的，是"恶作剧"和"游戏"因素比较强的犯罪。

这种类型的犯罪主要动机为"好玩，让人兴奋"，其中顺手牵羊和自行车盗窃等犯罪占压倒性多数，吸食毒品也源自好奇心。此外，新形态的少年犯罪还具有结伙犯罪的特征，"因为大家都这么做"和"如果我不这么做，就会被排挤"。有这种想法的人对于犯罪的罪恶感比较淡薄，认为被抓到只是自己"运气不好"，但是他们有着强烈的羞耻心，非常不愿意让学校、家人和朋友知道自己被抓到。

"游戏型犯罪"大多属于一时性的，也有人把这种行为当作长大后失去游戏的补偿，甚至当作宣泄在学校教育管教下产生的压力和不适应的一种方法。不论出于什么目的，这种犯罪形态代表的是现代日本社会经济富足、物资充裕以及社会道德低下的现况。

---

① 日本昭和时代后期，约 1 亿的总人口中，有九成左右的国民都自认为是中产阶级的一种"意识"。

顺手牵羊是游戏还是犯罪？

生活圈里到处都有超市、便利商店、文具店、书店等轻易就能让人顺手牵羊的环境。

"大家都这么做"
（其实这么做的人只是少数）

"会被人家当作胆小鬼"
"会被大家排挤"

男孩子的特征

试胆，加强同伴意识的手段，享受兴奋感等。

女孩子的特征

自己出钱就亏了，偷取父母不会给自己买的时尚用品等。

就算被抓到也不认为自己"做了坏事"，
只是"运气不好"而已。

只要被抓过一次，再犯的概率很低，但是顺手牵羊
很可能是犯罪的入门行为，不可轻视。

关键词 —— 顺手牵羊是现代版的"柿子小偷[1]"？

　　有人认为，顺手牵羊就像从前偷摘柿子果实让人生气的行为一样。但是，现在和警察局连线的店家在增加，已经不能再把它单纯地当成游戏或恶作剧来看待。虽然说犯罪的程度有所差别，但是也有人认为像这种柿子小偷或顺手牵羊的行为，必须以现行犯当场逮捕才行。

① 日本战后因缺乏粮食，小孩子无法忍受饥饿而偷摘柿子吃的一种现象。

"好竹"为什么会出"坏笋"？

太过优秀的父母和管教严格的家庭，其实希望家里有问题少年吗？

● 活在父母的暗影（shadow）下

有时，我们会看到太过优秀的父母生下的小孩儿最后竟然变成了非行少年。有关这个现象，美国精神医学家强森和苏雷克以"黑羊假说"加以说明。

人类都拥有两种面相，一种是爽朗、单纯、被社会所接纳的一面（人格面具，Persona），另一种则是其背后阴暗的、被动的、冲动的以及攻击性的暗影（Shadow）。每个人都是在这两种面相调和下生活在这个世界上的。在神职人员、教职人员和清廉的政治家等极端"正直"的人中，有些人完全压抑了暗影的部分，当这些人为人父母、养育自己的孩子时，会有意识地严格教育孩子，做出符合社会喜好的行动。然而，在无意识中，他们会将自己无法表现在外的暗影部分投射到自己的孩子身上。这就是所谓的"黑羊假说"。

孩子本来就容易直接接触到父母无法表现在外的比较本能性的冲动、负面的情感和恶念等阴暗面，以及有时会做出的犯罪行为。此时，父母会责备孩子的行为，但是在无意识的层面，会感受到"代理满足"，偶尔还会表现出超过适当程度的理解和允许。

● 利用做坏事来宣泄对父母严格管教的不满

社会地位和教育水平较高的家庭所教养出的非行少年，还会出现其他情况。在双亲的养育态度和教育相对严格的情况下，父母的严格和冷静会强力地压制孩子的冲动和欲望，于是孩子开始变得怯懦、胆小，甚至培养出内心充满强烈纠葛、容易紧张的神经质人格。这种类型的孩子容易做出偷窃等偷偷摸摸的犯罪，但也存在因为冲动引发重大事件的危险性。

没有特别理由，不断顺手牵羊的弟弟

事件、过程

两兄弟中的弟弟在初中时期，就曾因为好几次顺手牵羊的偷窃行为接受辅导。即使询问当事人，动机也不明朗，之后数年，弟弟仍不断顺手牵羊。但是，在同一个家庭长大的哥哥则在校成绩优异，而且人见人爱。

根据"黑羊假说"分析

父亲
大学教授，性格正道、诚实。

母亲
基督教徒，热心参与教会活动。

人类一定都有光明与暗影两面。
在这个家庭中找不到暗影的部分。

哥哥＝白羊
接受了父母的光明面（有意识）。

弟弟＝黑羊
接受了父母的暗影面（无意识）。

父母无意识地从弟弟的行为中得到"代理满足"。

有关青少年犯罪的心理分析，不应该只针对本人，还必须探讨本人与其父母的关联性。

"暴怒"的原因

用爆发的怒气回应没有得到满足的撒娇和欲望

● 从欲求不满到攻击他人

在最近十年里，"暴怒"已经成为年轻人精神状态和心理的代名词之一。

如果试着从心理学的角度来说明"暴怒"，首先要提到"冲动的个性"。这是一种无法忍耐内心的纠葛或欲求不满，容易做出冲动行为的性格。这种性格的养成，源自父母亲充满矛盾的养育态度。除了幼儿时期的放任、无限制的宽容之外，还不合理地加以制止，孩子就这样在一种缺乏一致性的养育方式下长大，社会的规范无法在他们的心里建立，导致他们无法接受满足感延迟、死心、忍耐、妥协等在人类社会生活中必须面对的情绪反应，变成了无法适应社会的人。

关于引起他们"暴怒"的原因，可能是由大脑内资讯环境变化、环境因素的刺激等造成的脑部异常。

● 爱撒娇的心理和攻击性之间，存在密不可分的关联性

若是因为母亲关爱不足或者和母亲分离等因素，造成孩子无法获得母亲足够的爱，这份缺憾将来会变成一种心灵创伤。而且，想跟人撒娇却无法撒娇的愤怒和怨恨，有时还会表现为对他人的攻击性。长大以后，一旦他需要别人但遭到拒绝时，就可能会表现出爆发性的愤怒或做出攻击对方的行为，我们称这样的情形为"转移性攻击"。

近年来，母子关系的变化或者说对母亲完全依赖的情形，大多已经延续到了青少年时期。于是，孩子会在维持着不成熟的社会性与幼儿性的情况下长大，无须离开母亲就能够在学校等场所与他人接触。然而，如果在那些场所里无法撒娇或依赖他人，他的欲求不满就很有可能转变为冲动性的攻击。

幼年时期的亲子问题会创造出具有攻击性的孩子

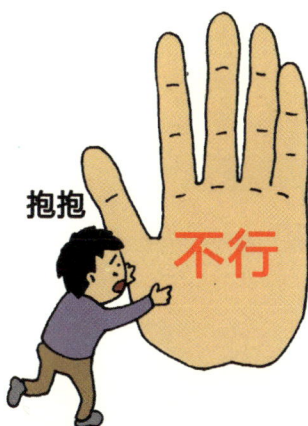

好好好

我想要玩游戏！

抱抱

不行

对于亲情的感受贫乏、分离等	在过度保护且娇生惯养的养育环境下
对于无法获得满足的撒娇存有欲望	孩子在不成熟的幼儿性、依赖性的心理状态下成长
欲求不满的情绪转变为对他人的攻击性	理应得到回应的依赖需求不被满足时

冲动、轻易地攻击他人

宫崎勤
——连续诱拐幼女杀人事件（1988—1989）

产生复杂怪异的精神症状，做出连续诱拐幼女杀人事件。

● 一次又一次地诱拐女童

　　1988年8月至1989年6月间，在日本东京与琦玉县发生多起4~7岁的少女遭诱拐后被杀害的案件，犯案者是当时26岁的宫崎勤。他在1988年8月诱拐并杀害了一名4岁女童，并对其尸体做出猥亵行为。同年10月，他再次诱拐、杀害并猥亵了一名7岁女童。1988年12月9日，他在诱拐和杀害一名4岁女童后，让尸体全裸并弃尸，尸体在12月15日被发现。1989年2月，他将第一起案件中女童的一部分遗骸与牙齿装在纸箱里送到女童家，还以"今田勇子"的署名将犯案声明寄至朝日新闻报社与女童家里，同年3月再次将犯案声明寄送过去。1989年6月，他诱拐并杀害了一名5岁女童，据说他不但将女童的手指烤来吃，还喝了她的血。1989年7月，正当他想要猥亵一对9岁和6岁的姐妹时被抓到，马上以现行犯身份被逮捕。

● 精神状态复杂怪异

　　1962年8月21日，宫崎勤出生于一户地方名门的富裕人家。他出生时是早产儿，身体虚弱，手无法自由旋转，本身有手掌无法朝上的缺陷。他在小学和初中时都遭到班上同学的欺负，成绩中上等，高中时成绩退步，毕业后进入短期大学就读。毕业后的第一份工作他做了三年左右遭到解雇，接着便开始帮忙料理家业。他在高中和短期大学时期就迷上了动画和电视片，开始大量服用感冒药，同时也开始出现虐待动物和偷拍女童的行为。

在他被逮捕后，法院花了三年以上的时间，对他做了三次精神鉴定，发现他具有特异的人格与复杂的精神症状（家族否定、逃亡、被害妄想、幻听等），但最终的分析结果分成极端的精神分裂气质造成的人格障碍、精神分裂症和反应性精神病（多重人格）三种。不过，说不定这些多样的诊断结果，才足以象征宫崎勤复杂怪异的精神症状。

而关于他的性癖好，有人认为是因为幼年时期的孤独才导致他的精神年龄停滞在了幼儿期。最后，法院采用了完全责任能力的人格障碍鉴定结果，于2006年2月2日由最高法院判决死刑定谳。

没有人能理解，在个人世界里不断凌虐小女孩儿的男子心中的黑暗。

● "阿宅受难"

警方在宫崎勤被逮捕后，在他的房间里发现了5000部以上的影片，于是出现了他是"宅男"也是恐怖（Horror）动画狂热分子的报道。因为这个原因，在此之前一直都默默无闻的"御宅族"文化突然急速地显现在社会上，并且受到大众的猛烈抨击，这就是所谓的"阿宅受难"。如果我们冷静下来再看一次有关这个事件的报道，很讽刺的是，我们可以发现，宫崎勤事件在社会对于"御宅族"文化的认知上扮演了非常重要的角色。

毒品或药物的上瘾性

一旦吸毒成瘾，开始依赖毒品，就不容易治愈

● 三种吸食毒品的类型

20世纪60年代后期，在无主张派、嬉皮士等社会风俗下，也产生了吸食挥发性有机溶剂的现象。由于吸食这些有机溶剂会产生幻觉和安乐感，于是成为一种游戏，在青少年间流传开来。以下我们将吸食毒品的青少年分为三种类型：

①游乐型　经由学长或朋友推荐，属于一种一时性、机会性的单纯游乐类型。和喝酒、抽烟一样，越是被禁止，越想要尝试，受到了反抗大人的心理作用影响而为之，能够在训诫和环境调整后停止吸毒行为。

②非行少年型　吸食毒品以前，自身就已经有不少问题，即曾经有过交友不慎等非行前例。这种类型的少年因为药物的关系，会使非行的行为更加猖獗，并且利用药物追求陶醉感、万能感，借此来逃避现实。一旦滥用毒品并习以为常，他们会更加背离社会，治疗起来也稍有困难。

③依赖型　身体对于有机溶剂的依赖性目前尚未得到证实，即使停药后，也不会引发戒断症候群（上瘾发作症状）。然而，因为会产生心理上的依赖现象，如果陷入过深，只会自毁前程。这种依赖型吸毒还会导致成熟障碍、时间观念障碍、自我不完整感、自恋、受虐癖的倾向等人格障碍，治疗起来非常困难，属于①和②的进化型。

● 为了吸毒而犯罪

吸毒本身已经违反了毒品暨毒物取缔条例，属于犯罪的一种。此外，因吸毒引起的急性反应会造成自我控制能力失调，可能会使吸毒者做出偷窃、施暴等行为，或者因慢性化幻觉妄想而引发暴力行为等。甚至也有借由吸毒开始使用兴奋剂而导致中毒的情形。兴奋剂的中毒症状相比吸毒更为严重，和重大犯罪产生关联的可能性也更高。

吸毒产生的梦

有机溶剂
稀释剂、甲苯等

陶醉作用
安乐感，"什么都
不用想就好了"
"感觉非常舒服"

幻觉作用
错觉或幻想出现
在自己眼前等

**经常使用可能会导致
脑部萎缩、失明、
重听或精神障碍等。**

**犯罪
案例研究**

F子的梦

经过

16岁的F子常常被拿来和优秀的哥哥做比较，所以感到非常自卑，在不良
朋友的怂恿和好奇心的驱使下开始吸毒。自从吸毒以后，不论是美丽的
花朵还是 UFO，任何想看的东西他都能够看到。

甚至曾经在幻想中和朋友比了场赛车。被迫接受辅导时，他被送至少
年鉴别所，但是之后仍持续吸毒。最终，他也体验到了"恶幻之旅"
（Bad Trip）带来的恐怖和不安。

结果

认识暴力集团的成员后，开始接触兴奋剂，陷入兴奋剂带来的强烈感受
中无法自拔。两年后遭到逮捕，经精神鉴定后被强制送往精神病院接受
治疗。

聚众飙车的理由

参加招摇且脱离规范的集团，共同选择"负向认同"

● 因为开车或骑车，误以为自己得到了强大的力量

经常聚众骑摩托车或改装汽车狂飙发出轰轰声响的暴走族，是20世纪60年代汽车普及化（Motorization）的产物。暴走族主要以喜爱追求速度和刺激的男性为主。

暴走族的成员大部分是中途辍学的少年，借由操纵能发挥超越自己能力的汽车或摩托车，来弥补自己的自卑感，消除内心的挫折感。暴走族的特征是强烈的同伴意识和连带感，也可以说他们选择了不合常规的"负向认同"（参阅第96页）。他们大多会在20岁之前离开这些狐朋狗友，从暴走族"毕业"，这种现象也表明了参加暴走族大多只是一时性的、在进入青春期的仪式阶段想要得到负向认同而已。

● "爱的教育"时代的产物

有人认为暴走族的行为，是一种对青少年期的性冲动、攻击冲动等生命能量的发泄行为。也有些比较宽容的人认为，这是年轻人对于规范社会所衍生出的一种反主流文化（Counterculture）。此外，还可以把这种行为看作孩子面对管理教育和压抑本性所产生的反抗心理与破坏性表现，也是被动的现代孩子表现自我主张和积极性的一种形式。

不过，也有人认为，像这样依赖车子或摩托车这种机械，将自己置身于集团中才开始表现得生龙活虎，其实是人的一种幼儿性的退化现象。实际上，加入暴走族的少年对抗沮丧的能力非常低，有报告指出他们会因此变得比较容易具有攻击性。在"爱的教育"下，容易养育出以自我为中心又缺乏自制力的青年，因而暴走族也可以说是"爱的教育"时代的产物。

加入暴走族的开始与结束

1 接近期
得知暴走族的存在，观看他们聚会，借由朋友介绍接近他们，请求加入。

2 形成期
加入暴走族，遵从集团的规矩和人际关系准则。聚集在咖啡店或郊外的餐厅，在与其他团体的冲突中，加深团体内部的关系。

3 狂热期
暴走成为生活的重心，与团体的关系越来越深厚。在暴走族的活动中释放自己的感情，宣泄不满情绪。

4 结束期
由于发生事故受伤或遭到警方取缔，借由学校或家庭给予指导等，开始离开团体。即使没有明确的事件或契机，大部分人也都会在加入后1~2年从暴走族"毕业"。

暴走族少年的治疗方式因型而异

感染型
因为与暴走族产生共鸣而接触、加入，没有精神方面的病理症状。
治疗方式 →与集团割裂

不适应型
属于典型的暴走族少年。为了逃避现实生活中的欲求不满、强烈不安和内心的纠结，选择加入暴走族。
治疗方式 →帮助他们尝试去面对不安和纠葛的感情

神经症状型
本身心理状况扭曲，因加入暴走族而免于神经衰弱症状。这种类型的人大部分在团体中处于若即若离的中间地带。
治疗方式 →由精神科医师进行长期心理治疗

在校园内施暴的原因

一般在校园内施暴的少年很少有精神疾病的问题

● 校园暴力事件层出不穷

2005年，日本公立高中、初中和小学的学生在校内发生的暴力事件共有40,019起，其中学生之间的暴力行为占比最大，一共有20,146起。另一方面，校园暴力事件中被检举和接受辅导的人数，在1981年以10,468人而达到高峰，之后开始逐年减少，到了 2006年只剩下1,455人。当然，校园暴力就和家庭暴力一样，都属于在一个受到保护的空间内发生的"内部暴力"，大多会在内部处理完毕，因此我们无法确定实际上发生的数量是否真的减少。目前校园发生暴力事件最多的在初中，小学发生的暴力事件数量也在慢慢增加。

一般在校园内施暴的少年，都具有对学校不满、学业成绩落后、对那些对学生区别对待或对学生体罚的老师不满、把自己面对"好学生"时的自卑感转为排斥反抗的心理、想要对大众展现自己或者爱虚张声势等特征。

● 逐渐消失的少年暴力

日本的校园暴力事件在 20世纪80年代达到了顶峰，那时的校园暴力大多为公然对老师等施暴，暴力程度严重的，甚至还需要请求警力支援，在毕业典礼上站岗。不过，当时的暴力少年都有他们反抗的动机和理由。之后，因为校方运用各种各样的强化对策，类似这样明目张胆的校园暴力事件已经逐渐消失。

现在的校园中，孩子因为突然"暴怒"就做出的暴力行为、毫无缘由的游戏型暴力行为，以及对老实乖巧的弱者进行欺凌的暴力行为等非常普遍，校园暴力似乎正逐渐发展为不易被察觉的形式。

造成校园暴力的多种因素

学校很无趣

家里很无趣

针对教师的暴力
事件6,308起

学生间的暴力
事件20,146起

因自卑产生
的补偿心理
或反抗

从电视、漫画、
光盘等媒体学习
到的暴力表现

"有必要的话，我
也不介意动粗"

对人暴力①
266起

物品损毁
13,299起

"不怎么重要的事情，
警察也不会插手"这种
安心感

出处："在教导学生上各种问题的现
状"（2006年，日本文部科学省）。
事件数皆为学校内发生的事件数量。

少年们的负面能量，借由欺凌、家庭暴力、
拒绝上学等行为逐渐内向化、阴险化。

① 对教师和同校学生之外的人的施暴行为。

不想上学的原因

包括发展障碍、欺凌、与老师的关系有问题等各种理由

● **日本一年有超过12万人拒绝上学**

所谓拒不上学的学生，指的是一年间缺课超过30天的学生（生病或经济因素除外）。根据日本文部科学省（日本中央政府行政机关之一）的调查，2005年，国立、公立和私立的高初小学生当中，拒不上学的学生有 122,255人，不过近几年来有减少的趋势。

关于拒绝上学的原因，小学生是"问题在本人身上"最多，高中生则是"起因于学校生活"占首位。而之所以会持续拒绝上学，高初小学生的理由中"因为不安等情绪上的混乱"最多。其中"起因于学校生活"，主要是指和朋友或教师之间关系上的问题、学业不佳、不能适应社团活动等。

此外，拒绝上学也显现出逃避社会和现实世界中"反社会的非行"的另一面。之所以会这样，可能与玩游戏、看电视等可以一个人玩乐的时间拉长，小家庭化以及家长过度保护等有关，这些原因强化了孩子的自闭性格，造成他们无法顺利地和他人交往。

● **发展障碍也是原因之一**

在造成小学生拒绝上学的原因——"本人的问题"当中，除了因为生病造成缺席、转学等，也有案例疑似与发展障碍相关，那就是因为"学习障碍"（Learning Disabilities，简称LD）的因素，导致孩子无法和其他同龄的小孩儿做朋友，无法克服学习困难，甚至基于以上理由，造成自身有发展障碍的孩子被同学欺负等，这也有可能是孩子拒绝上学的原因。

一旦孩子拒绝上学的时间拉长，想要在学校和社会建立人际关系就会变得愈加困难，最后还有可能演变成自我封闭的茧居族[1]。

---

[1] 指不上学或不上班，过着自我封闭生活的人。

拒绝上学的六种类型

1 起因于学校生活的类型
（例如，欺凌、与老师的关系不和等）

2 游戏、非行造成的类型

3 没有精神的类型

4 因为不安等情绪上的混乱引发的类型
（模糊的不安）

5 有意识反抗的类型

6 ①~⑤的复合型

注：在直接因素中，除了和学校生活相关的因素和本人问题外，也有和家庭生活相关的理由，比如家庭环境剧变和亲子关系出现问题等。

反社会的非行

现代的孩子，只要有电视、计算机、游戏等，即使没有人陪，也能自得其乐，因此变得无法接触现实世界和认识朋友。

关键词 —— **自我封闭和对父母的暴力**

从拒绝上学到辍学后自我封闭在家里的案例不在少数。自我封闭的学生面对欲求不满时的忍耐能力比较低，他们的攻击性大多是朝着家人，尤其是向母亲发泄。因被压迫的感觉让抑郁的感情爆发，甚至引发重大伤害事件或杀人的案例也不在少数。

欺凌与被欺凌的原因

毫无限度的幼稚卑劣行为

● 欺负弱小是出于人类本能的攻击性吗？

根据日本文部科学省的调查，2005年，全国的公立高初小学校总共发生了20,146起欺凌事件。如果加上那些没有爆发的案件，欺凌事件数可能会超出这个数字好几倍，甚至数十倍。

欺负弱小这种事情，不论在职场还是任何地方，只要有人在，就会发生。这说不定是人类将狩猎时代的攻击性、畜牧时代对于握有家畜生杀大权的支配快感，以"欺负弱者"的方式表现了出来。

如果欺负弱小的人彻底坚持这种阴险化、内向化的暴力，将会导致十分严重的问题。集体无视、语言暴力、恐吓、嘲笑、藏匿和破坏其所有物等，将导致被欺负的孩子深感绝望，心里背负起深刻的伤痕，最为严重的状况为演变成拒绝上学甚至自杀。

● 期盼孩子社会化

造成欺凌弱小儿童的原因，和孩子的社会化不足有关。正确的处理方式是让孩子掌握控制攻击性和冲动的能力，并且用具体的方式教导孩子"支配他人、对他人使用暴力是错误的"。对于"被欺负的孩子"，应该让他们学会如何保护自己的尊严、主张自我的意识等在群体生活中必备的技能。

关键词 •——— 欺凌的"信息技术化"

高中和初中的学生会利用网络上原本来用来交换信息的"校园网站"欺负特定的人，或者用手机短信欺负人，这种情况说明欺凌的手段已经逐渐多样化和恶性化。这种方式的欺凌因为不需要直接动手，所以欺负的程度很容易升级，而且还很难被周围的人发觉。

防止欺凌的八大策略

预防

1 期盼孩子社会化
用具体的方式教导孩子支配他人和对他人使用暴力是"错误的"。

2 给予课程学习以外的活跃空间
会欺负别人的孩子通常在校成绩不好，在学校常常得不到满足，因此应该给予他们除了学习成绩以外能够获得认同的机会。

3 停止体罚
暴力是能够学习的。老师对学生的体罚，就像在散播欺凌的种子一样。

4 积极进行防治欺凌的教育
告诉孩子欺凌的实际情况，让老师与学生一起讨论、一起思考。

5 教出强韧、坚强的孩子
对于那些容易被欺负的孩子，我们应该教导他们在团体生活中生存下去的知识和技巧。

处理

6 老师应该尽早处理
和孩子建立亲密关系，观察他们的行为。要尽快掌握欺凌事件，在必要的时候必须介入处理。

7 对加害者给予适当处置
不要想在学校就解决所有事情。恶性的欺凌要积极地寻求外界专家介入处理。

8 提供方便学生咨询的环境
学校聘请校内咨询师，可以让受欺负的孩子寻求帮助，或者在校外设置咨询机构等。

弑亲的原因

正因为关系最亲密，一旦关系恶化就很容易陷入泥沼

● 关系越紧密越容易引发弑亲

纵使也有觊觎父母财产引起的利欲杀人，但是大部分弑亲案件，都是在亲子之间关系恶化、纷争愈演愈烈下造成的，属于由爱与憎恨等内心的感情纠葛造成的杀人。传统上，还有一种被称为"弑君"的弑亲——长年被迫忍受如同暴君般高压的父亲，为了解救家人或自己离开"暴君"，最后不得不杀掉父亲的情况。

有时，也存在"被杀的父母亲，其实比犯人的杀人责任还要重大"的情况。例如，在日本一起女儿杀害亲生父亲的案件中，这个父亲不但对自己的女儿施加性虐待，还让女儿与自己生了五个小孩儿，最后又嫉妒女儿有了新的恋情而施加暴力。顺便要提的是，这起案件也让"弑亲不是死刑就是无期徒刑"的杀害尊亲属法条（日本刑法第202条）遭到删除（1995年）。

● 弑亲的原因以亲属关系为源头，各种要素错综复杂

弑亲也会随着时代而改变，现在的弑亲类型也在增加中（如下一页的五种类型）。比较引人注意的转变是由自我封闭引发的家庭暴力和弑亲。像一直被家长逼迫到离家出走的孩子，因为无法忍受而将父母亲杀害的案件，或者相反地，因为父母无法忍受家庭暴力而杀害孩子的案件，都在持续发生。

不论哪一种情况，弑亲的原因错综复杂，无法一概而论。也就是说，不论是哪一种案件，都是由精神病理、家族病理、大脑器质性病理等双重或三重原因交织联结而起，因此有必要从各种角度进行多元的探讨。

弑亲的五种类型

1 **逃避纠葛型**
为了避免被父母殴打
或被迫去上班、上学
而杀人。

2 **病态离家型**
为了从亲子关系中得到解
脱，为了自立的强迫性观
念而杀人。

4 **退缩家族型**
被地方或亲族孤立的家
族，因为失去了家族成员
造成家庭平衡瓦解，从此
失去压抑和调整的功能，
最终导致毁灭。

3 **偏执憎恨型**
即便没有被过度干涉，也
无情感上的纠葛，仍然会
为了惩罚父母从前的所作
所为而杀人。

5 **弑君型**
为了保护家人远离父亲的
暴力、虐待和威严统治而
杀人。

关键词 ●—— 比"弑亲"还要多的"弑子"

其实，在家族内部发生最多的杀人案件是弑子。新生儿被杀的案件大多是因为他是
不被期望出生的孩子。在出生后马上就被杀害，这种情形最容易发生在未婚女性身上。
而婴幼儿被杀的案件中，母亲罹患产后忧郁症（产后精神病）的情形最多。此外，也有
因为管教、虐待而造成的弑子案件。

造成非行的责任在父母身上吗？

家庭的功能不全导致了青少年非行的发生

● 难道家长已经无法掌控了吗？

曾经，青少年非行是由于家庭破碎、家庭贫困等原因造成的，当时强调的是家族的病理性。然而，现今最大的问题在于，那些旁观者看来没有问题的、一般家庭里的小孩儿也会犯下非行。似乎在现代的"一般家庭"中，隐藏着会让孩子走向非行且无法矫正的因素。

曾经，父母亲要教导孩子的一举一动等生活习惯，教会他们和人打招呼等维系人际关系的基本方法。让孩子"社会化"后再进入社会，一直都是家庭的责任。

现在的孩子，从幼年时期起就能够接触到电视等媒体，可以获取大量信息。因此，很难期望他们只依据父母的价值观就确立自己的精神方向、生活习惯或人际关系的规则。于是，父母的角色，就只剩下给孩子提供生活必需的物质基础而已。孩子未成熟的社会性就变成了造成青少年非行的重要原因，也就是说，青少年非行有一部分是由家庭、父母自己撒播的种子。

● 恢复"父亲"应有的功能

现代家庭的状况是，母亲的作用为关爱、疼爱，"包容"的母性原则过于扩大，父亲所扮演的分辨善恶的"裁判"机能则不断缩小，二者之间呈现出不平衡的状态。从前，孩子们都是借由慢慢认同父亲，让自己心中的社会规范和道德成形，进而获得成长。然而，在现今小家庭、男女平等的社会中，父亲的权威感下降，反倒是温柔、善解人意的父亲增加了不少。说不定只有重新思考父系原则和恢复父权，才是防止青少年非行的关键所在。

家庭形态改变了

从前，小孩儿都在家庭中接受管教，
在不受社会的不良影响下长大。
同时，父亲角色强悍，是孩子社会化、变为成人的榜样。

小家庭化
传统上的父母功能无法传承至下一代

父亲价值弱化
失去模仿的榜样

母亲价值强化
（过度保护、溺爱）
撒娇、幼儿化

双薪家庭
放任、兄弟姐妹减少（少子化）现实中的人际关系学习不足

在规范意识无法形成的情况下成长，
走向初期型非行（顺手牵羊、偷自行车、摩托车等）。

关键词 ●—— "环境激素"是造成青少年非行的原因吗？

　　有研究指出，扰乱内分泌的化学物质会对孩子的脑部造成影响。目前我们认为，这些物质可能会对胎儿和婴儿造成轻微的大脑器质性变异，导致早产儿脑部障碍的危险性也相当高，但是目前对环境激素还没有更进一步的认识，相关的处理对策也还没有出台。

学校为什么会发生这么多问题?

不仅因为学校里充满不成熟的学生，不成熟的老师也变多了

● 学校也有封闭空间特有的危险性

长久以来，我们对于校园暴力、欺凌、班级崩坏①等学校的负面消息时有耳闻。校园本来就是为了教育而形成的受保护空间，对外具有封闭的特质。然而，这样的封闭性竟然会酿成灾祸，形成一个充满各种各样问题的空间。

学校奉行平等主义，一直以来的教育都比较注重学生的成绩。或许是填鸭式的知识教育重心使得学校忽视了心灵教育，才导致了当今的状况。有一部分教师不想把握和孩子进行人性交流与接触的机会，有时候就连他们自己在社会化的方面都还没有完全成熟。

与此同时，家庭教育的机能也在渐渐瓦解，于是很多儿童在尚未成熟的情况下进入校园，接着又被尚未完全社会化的教师指导，造成了恶性循环。

● 理解"新新人类"，培育他们

现代的孩子甚至青年教师，可以说是完全进入电视时代的"新新人类"。他们从幼儿时期开始便接受了大量信息的洗礼，特征包括具有图像式的思维方式，行动原则是冲动的、以快乐为优先，在社会性方面是未成熟的、虚构现实的，而且在建立实际的人际关系上比较困难。由于孩子的变化如此急速，在校园这种旧态依然的封闭空间里，就产生了剧烈的文化冲击。这时，我们需要针对各个学生因材施教，但是或许这当中也有部分超出了教师的能力范围。

于是，设法了解新时代的孩子以及思考该如何教导他们社会化，将是此后让学校焕然一新的重点之一。

①学生不遵守教师的指导且恣意妄为，使教师无法教学、无法掌控班级的状态。

了解新时代孩子的心理

感觉对的东西→酷
感觉不合的东西→土

缺乏社会性、社交性，内向化，有自私倾向

自幼年时起，通过电视单方面接收到大量信息，形成图像式的、拼贴式的直觉思考模式。

"快乐原则"追求当下的满足、冲动的行动模式

说不定孩子与大人的
"语言"已经不同。

"双语者"的建议
保持柔软的心，学习孩子的心理与文化，进而理解他们。

关键词 ●—— 整备"儿童精神医疗系统"

现在的学校，特别需要能够照顾孩子心灵的人才。虽然目前校内辅导中心聘有临床心理师的情况已经有所改善，但是在发育迟缓、大脑器质性变异的领域，由国家培养儿童精神医师以及由学校聘请能提供教师咨询的专属精神医学专家也相当重要。

东京地铁沙林毒气事件
（1995）

将狂热宗教团体的恐怖印象深深地刻印在日本人的心里。

● 在早晨的高峰时段发生的惨剧

1995年3月20日上午7时50分，东京地铁内发生了一起震惊全世界的投毒事件。有剧毒的神经毒气沙林在挤满上班族的东京地铁的千代田线、丸之内线和日比谷线的电车内泄漏弥漫，造成了乘客和站务员中有12人死亡、5500人中毒，这是日本在第二次世界大战后发生的最大等级的随机杀人事件。由于这个事件是历史上第一起在大都市里对一般不特定的市民大众利用化学武器进行恐怖袭击的事件，所以对全球都造成了巨大冲击。

发动此次毒气袭击的是受到麻原彰晃（本名松本智津夫）指使的奥姆真理教信徒，这些信徒事先分散在几条地铁线的车站内，带着装有液态沙林的塑料袋上车，并且在到达提前选定的车站时用雨伞将塑料袋刺破后随即下车，造成沙林毒气在车厢外泄。随着车厢内的乘客一个接一个倒下，大家开始陷入恐慌。有些站务员在不了解毒气的情况下，因为直接接触到沙林毒气而导致死亡，被搬出车厢的沙林毒气袋也对民众造成了二次伤害。

这起事件的起因是，麻原彰晃感觉到，随着日本目黑公证处事务长的诱拐案①以及坂本堤律师一家被杀害事件②的调查脚步不断逼近，自己将因涉嫌犯罪

---

① 1995年，奥姆真理教绑架当时的目黑公证处事务长，并且加以监禁、杀害、遗弃尸体的事件。
② 1989年11月奥姆真理教6名成员闯入批判奥姆真理教的日本律师坂本堤家中，杀害坂本一家三口的事件。

面临强制搜查，于是将目标集中在东京都中心的公共部门，并以扰乱警察搜索为目的，实施了一连串恐怖攻击计划。日本警视厅认为东京地铁沙林毒气事件是奥姆真理教所为，另外造成7人死亡的松本沙林毒气事件[1]也和奥姆真理教有关，于是开始强制搜查他们位于山梨县上九一色村的根据地，并从陆续逮捕的教团成员口中调查出了整个事件的全貌。

事发两天后即1995年3月22日，警察强制搜察了奥姆真理教的总部，终于逮捕了主谋麻原彰晃。

● 心灵控制的结果

奥姆真理教的教主麻原彰晃，本名松本智津夫，是司奈德所说的一种狂热分子。实际上，松本不仅狂热，还具有偏执般强烈的被害妄想和妄想性的夸大观念（Grandiose Idea），特别是他将健康恶化和对死亡的恐惧想象成了社会或国家的灭亡。

为什么麻原能够让他的信徒如此醉心、任凭摆布，甚至泰然自若地实施如此残暴的犯罪呢？这就是邪教团体令人感到毛骨悚然和恐怖的地方了。无关教主或教义的内容，因心灵控制造成的"洗脑"，的确能让信徒坚信教团是绝对正确的。

所谓心灵控制，是通过斩断一个人的感情、禁止他睡觉，反复将如洪水般的讯息注入他的心灵中，为了达到目的，甚至利用迷幻药或其他药物使人的精神变得脆弱，进而被洗脑。这种精神控制的方式对于自我意识尚未完全确立的现代人以及缺乏社会历练的知识精英来说，更是轻而易举。

---

[1] 同样也是由奥姆真理教策划的，发生于1994年6月27日至6月28日，地点在日本长野县松本市。

教团以教主为绝对中心，为达到目的不择手段。

● 东京地铁沙林毒气事件带给日本人的醒悟

　　因为这起事件，日本人深切地感受到，这种把不特定多数人作为攻击对象的随机式恐怖活动，真的可能发生在他们身边。此外，他们也认识到狂热的宗教组织、邪教信徒为了达到目的是不择手段的。

　　东京地铁沙林毒气事件过了六年后，2001年在美国纽约发生的"9·11"恐怖袭击事件①，也让曾有类似经历的日本人感同身受。这种意识的萌生应该成为一个契机，让我们开始自省，"为了达到目的不择手段都能得到原谅"的这种思考和行动模式是否具有正当性。

① 2001年9月11日发生在美国本土的一连串自杀式恐怖袭击事件，当天早晨，基地组织的成员劫持了四架民航客机，其中两架撞向了纽约世界贸易中心双子大厦。

4
Chapter

找 出 心 中 的 怪 兽

第四章

有可能防范犯罪于未然吗？

容易引发犯罪的环境

当条件齐备时，就会产生犯罪者

● **地域意识不强与犯罪的发生有一定关系**

除了犯罪者本身外，犯罪的发生与环境也有很大关系。那么，究竟什么样的环境会引发犯罪呢？

研究犯罪与环境之间关联性的环境犯罪学（参阅200页）中，有一种名为"破窗理论"（Broken Windows Theory）的概念。所谓"破窗理论"是指，如果置破掉的窗子不管，随后完好的窗子也会被打破。这个理论要表明的是，如果纵容和默许乍看起来程度轻微的恶行或者还算不上违法的无害无秩序行为，将成为对维持秩序漠不关心的象征，进而创造出容易引发犯罪的环境。居民意识的持续低落，也会导致环境恶化、犯罪猖獗的恶性循环。

环境犯罪学中，还有一个有名的概念，我们称为"日常活动理论"（Routine Activity Theory）。也就是说，在同一时间、同一空间下，如果"有犯罪意图的行为者""（合适的）目标"和"（具有遏制力的）监视者不在场"这三个条件齐备了，就会引发犯罪。

为了守护秩序的管理者或监视者（警察、监视器、居民等）的存在，以及地区居民的高度关心与行动，都与犯罪的防范息息相关。

● **都市会孕育出各式各样的人**

有一种观点认为，都市化会造成犯罪率的提高。在都市里，血缘关系、地域关系（由地理位置上的联系而形成的关系，如同乡关系、邻里关系）这样的共同体关系消失后，人们变得孤立无依。人际关系的缺乏、归属感的丧失，使得心情紧绷、焦躁不安的人愈来愈多。这样的人容易在心中累积压力，对社会抱持怨恨与愤怒的态度。在这种环境下，便容易出现犯罪者。

所谓的预防犯罪之破窗理论

"如果置破掉的窗子不管，
随后完好的窗子也会被打破。"

无视轻微的恶行

在墙上涂鸦或超速等

轻度犯罪变得频繁

认为"只是这样的程度没关系"的人在增加。

居民意识薄弱

随着轻度犯罪频发，居民将渐渐习以为常。
当这一倾向持续不变时，有警觉的居民将离开该地区。
该地区恶名远扬，吸引其他地区的罪犯前来。

犯罪频发

要预防城市的犯罪化、荒废化

居民当事人意识的提升　　　　警察取缔工作的彻底执行

相互合作
关系的确立

警察面对犯罪的处理态度
是如何演变的?

犯罪随着时代情况的不同会有不同的面貌

依照年代顺序回顾日本在第二次世界大战以后的犯罪，会发现：

1945—1955：一般刑犯的举报件数急速增加，在1948—1949年间约有160万件，尤其以粗暴犯[①]的增加为最多。由于生活穷困也使得抢劫事件频发。1950年之后，财产犯减少，但杀人事件数达到了战后的高峰。

1955—1965：一般刑犯的举报件数从135万件左右开始逐渐增加，尤其以暴力、强奸与少年盗窃等犯罪的增加最为突出。犯罪开始出现明显的都市集中化和范围广域化的特征，犯罪的手法也随之变得更加恶劣、更有技巧性。

1965—1975：一般刑犯的举报件数有减少的倾向，1974年下降至119万件左右，其中粗暴犯减半，凶恶犯也有所减少。另一方面，犯罪进一步扩大化、加速化，还发生过劫机等大型犯罪。

1975—1985：一般刑犯的举报件数转而增加，主要为盗窃（窃取自行车、破坏自动贩卖机）的增加。此外，随着计算机开始普及，也产生了滥用这项技术的犯罪（例如伪造货币等）。由于经济社会结构的多样化，频频发生保险金诈骗等案件。

1985—1995及以后：一般刑犯的举报件数逐年增加（2002年达到了顶点）。智能型犯罪、企业和组织犯罪等变得多样化。过去70%左右的破案率，到了2001年降低至38.8%，到了2006年又恢复到51.0%。

为了应对犯罪的诸多变化，警方研究后拟定了许多对策，但无法否认的是，双方的对立就像陷入了无限循环的怪圈一般。为此，警方也在努力用各种方法预防犯罪。在犯罪学上，比起询问"为什么会发生犯罪"，更多地将焦点放在"为什么不会发生犯罪"上，对于如何控制促使人们走向犯罪的能量，持续进行着研究。

---

① 暴行、伤害、胁迫、恐吓等暴力性犯罪的总称。

战后的犯罪倾向与警方的对应方式

1945—1955

由于战后的混乱，犯罪急速地增加。多属粗暴犯或由贫穷所引发的抢劫事件。

警方
通过刑事诉讼法的修订（1948年）、警察法的修订（1954年）等，警方进行改革。

1955—1965

犯罪增加趋向于和缓。但粗暴犯件数增长明显，强暴犯罪也相当突出。

警方
设置暴力集团犯罪专门搜查员、加强集中取缔等对策。

1965—1975

粗暴犯减半，犯罪大体上有减少的倾向。但也出现了三亿日元抢劫事件、劫机、劫船等大型犯罪。

警方
为了对抗大型犯罪等案件，强化搜查能力。

1975—1985

犯罪又有再次增加的倾向。出现了格力高—森永事件等奇特案件，而杀人或抢劫等凶残犯罪则稍有减少。

警方
强化智能型犯罪、广域犯罪的搜查力与科学搜查力等。

警方
由于奥姆真理教相关事件与阪神淡路大地震，进行恐怖攻击相关法律的完善与灾害警备活动的强化。

1995年以后

犯罪持续地有增加的趋势（2002年达到顶点）。犯罪的扩张化变得相当常见，国际犯罪也有所增加。泡沫经济崩溃后，与金融和呆账相关的犯罪最受关注。

创造防范犯罪的城市环境

为了预防犯罪，身为社区一员的我们能做些什么？

先从身边能着手处做起，发挥社区监视的功能

● 居民的高度防范意识能够让犯罪远离自己

要打造不易发生犯罪的环境，就连"不用那么大惊小怪"的小小无秩序行为（违反倒垃圾的规定、衣着不整等）都要加以注意。此外，还必须增派警力进行巡逻，加强地区警察与居民的合作，最为重要的是每个人都要有遵守秩序的意识。

不仅如此，为了防范盗窃等财产犯罪，要谨记不要在店内或车内放贵重物品；为了防范粗暴犯罪，不穿显眼服装，不采取挑衅的态度。如此一来，就可以将此类容易引发偷窃、暴行的根源隐藏起来，对于预防犯罪也具有一定效果。

● 在各地设置能让人感觉安全、安心的硬件设施

东京都在 2003年制定了打造安全、安心城市的条例，针对各种设施一一提出改进方针，包括在大楼等公共住宅装设监视器，确立自主防范制的规定，在道路、公园等地借由修剪树木和设置反射镜来消除死角，对进出校园实施管制并配备警卫等，可以称之为力争打造出"监视者的存在"的政策。

如此一来，犯罪若能减少，也能够相应地减少投入搜查、审判、监狱收容等各方面的经费开支。

虽然在日本有"水与安全是免费的"的说法，但是仍然有犯罪不断发生。自己与家人的安全要用自己的力量来守护的心态，对于预防犯罪而言也是不可或缺的。

134　找出心中的怪兽

检查每天的安全度

防范意识

●知道附近发生了什么犯罪 　　　　　　　　　　（Yes・No）

●觉得"自己也可能会遇上犯罪事件" 　　　　　　（Yes・No）

●参加防范巡逻，做志愿者，重视与邻居间的合作 （Yes・No）

自家住宅的防范

●从周遭便能看清楚玄关前的情况 　　　　　　　（Yes・No）

●玄关或窗户会上两道以上的锁 　　　　　　　　（Yes・No）

●外出时，会有邻居帮忙注意自家情况 　　　　　（Yes・No）

为了不受犯罪侵害

●在家时也要上锁，并扣上防盗链 　　　　　　　（Yes・No）

●下功夫不让人知道自己是独居 　　　　　　　　（Yes・No）

●避开阴暗或人烟稀少的道路 　　　　　　　　　（Yes・No）

●乘电梯时会确认周围是否有可疑人士 　　　　　（Yes・No）

●包包不拿在靠车道的一侧 　　　　　　　　　　（Yes・No）

回答中No多的人要努力增加Yes才行!

依照日本东京都紧急治安对策本部的《周边的安全检查表》制作

关键词 ●——— 自主防犯志愿者

　　日本警察厅正在推动以地区居民为主体的自主防范志愿者活动。活动实例方面，有开着装上蓝色回转灯的汽车进行防范巡逻、有养狗的饲主所做的"汪汪巡逻"等。由小学家长教师会（PTA）所进行的防范巡逻也早已确立。这些措施乍看起来似乎相当简单，但是非常有效。

犯罪会受到电视和影片的影响而发生吗？

暴力画面有可能刺激大脑、引发冲动行为吗？

● 电视的普及让思维模式发生了变化

在日本，约在20世纪70年代以后出生的人（称为现代小孩儿），从婴幼儿时期起就在电视这样的信息潮流中耳濡目染，在学会语言之前，大脑里已经大量输入了画面、声音等信息。有学者曾指出，从孩童时期起便沉迷于电视和游戏机，会对大脑产生影响。

从婴幼儿时期起，输入大脑里的信息出现了"质的变化"和"量的庞大化"，使得以往以语言为中心的逻辑思考，转变为以画面等影像或直觉为中心的思维模式。比起善恶、伦理规范，现代小孩儿更重视趣味性；比起面对现实，他们更偏向于逃避不快，并以获得快乐为优先。在这样的环境下出生的人，现在正在慢慢长大成人，还有的已经为人父母。可以说，现代小孩儿的犯罪特征为冲动型，或者说找不出明确动机的"游戏型"。

● 看暴力画面会变得具有攻击性吗？

有些电视剧、电影甚至动画片，里面充斥着暴力与打斗的画面。这些画面会烙印在孩童的心里，加以"学习"，甚至激发起早在狩猎时代人们就已经获得的攻击本能。在受到某种压力的冲击下，也许会成为引发突然的暴力行为的主要原因。这样的影响或许在他们成年后仍会持续存在。

另外，尤其是心智未成熟就长大成人的人，也有可能受到暴力画面的影响或启发就实施犯罪。

电视孩童的问题点

学习暴力行动
（烙印在心里）

变得不易
培养社会性

家庭里
对话减少、
变得难以沟通

好厉害啊！

比起"善恶"，更加
重视"好帅"和"有趣"
的价值。

关键词 ●————— "推理剧"能够抑制犯罪吗？

　　据说推理剧能够抑制犯罪。观众会将自己和画面中残虐的犯罪者、杀人犯一体化，模拟体验暴力、虐待和破坏的快感，进而得到代理满足。接着，又会将自己和惩治罪恶的正义一方的主角一体化，感受惩恶扬善的快感。因此，"推理剧"具有能将心里的纠葛投射到戏剧中，将其释放出来（解压）的积极的一面。

解读当时事件与犯罪者专栏⑥

酒鬼蔷薇圣斗
——神户连续杀伤儿童事件（1997）

陷入精神危机的少年A，试着通过杀害儿童来确认自我存在。

● 猎奇的罪行与血红的犯罪宣言

1997年5月27日清晨，日本兵库县神户市一所中学的正门前，发现了疑似遭人切断后弃置的小学生首级。现场还留下了开头为"那么，游戏开始了"被称作挑战书的罪行声明，署名为"酒鬼蔷薇"。

经过追查，发现被害人是就读于附近小学六年级的学生。1997年6月4日，神户新闻社收到了第二封罪行声明，自称"酒鬼蔷薇圣斗"的犯人，用红色墨水笔写下了："想要让如透明般存在的我……被当作实际存在的人。"在媒体铺天盖地的报道下，甚至传出有拿着黑色垃圾袋的中年男子与可疑白色休旅车等目击情报。最后，同年6月28日，初中三年级的少年A（当时14岁）作为嫌疑人被警方逮捕的消息震惊了整个社会。之后，警方还查出，从当年2月起发生在神户市内的3名小学女生的随机杀人、伤害事件也是少年A所为。

● 透明的存在——自我不断地消散

少年A在接受精神鉴定后，被诊断为患有"品行障碍、认同障碍和分离性障碍"，并于1997年10月13日被送往医疗少年院。在这段时间，有杂志肆无忌惮地刊登了他的真实姓名与脸部照片，并且武断地将少年报道为偏执狂和人格障碍患者。

打开少年A心中黑暗面的钥匙，或许就存在于声明中不时会看到的"如透明般存在的我"这样的字眼。少年A在严厉和非常自我的母亲的教育下长大，而一直代替母亲给予他亲情和温暖的祖母，在他小学五年级时过世。从那时起，他便对"死"抱持着关心，开始虐待和杀害小动物。升入初中后，少年A开始面临"青春期危机"。大多这个时期的少年，都要面对自我认同的确立——回答"自己是什么"这一疑问的心理课题。据说在这一时期，少年 A总是把自己关在房间里，从未对周遭的人敞开过心扉。

> 那么，游戏开始了
> 愚蠢的警察们
> 试着来阻止我吧
> 我对杀人感到愉快不已
> 非常想要看到有人死掉
> 对肮脏的蔬菜要给予死的制裁
> 经年的大恨要还以流血的制裁
>
> SHOOLL KILL
> 学校杀手酒鬼蔷薇

罪行声明放在弃置于校门口的小学生首级的嘴里。红色且尖锐的文字突显出犯人的异常（节选自寄送到神户新闻社的罪行声明）。

少年A所谓的"如透明般存在的我"，或许就是在学校与家里都感受到自我不被认同，不知道自己是什么人，因而发出认同迷失的悲痛呐喊。

少年A的精神，应该处于严重的认同危机下。在医疗少年院接受治疗或许是种妥当的安排吧。

2004年3月，21岁的少年A申请假释出院获准（2005年1月正式出院），走上了改过自新之路。

什么样的人容易和周围发生摩擦？

边缘型人格障碍容易和犯罪扯上关系吗？

● 性格偏差明显的人

性格偏差明显的人，在过去被称为"性格异常"的人，有时也被称作"心理病态者""社会病态者"等，现在则一般被称为"人格障碍"患者。

患有人格障碍的人难以跟外界发生联系。对于自我和他人的认知方式以及情感的表现方式（来自所属文化所期盼的方式）等，都发生了明显的倾斜，而且缺乏弹性，在自我内心的层面和外部人际关系上都出现了问题。这些特征最早从青少年时期开始显现，并且会一直持续。此外，这些特征的出现和药物的使用、生病、受伤等并无直接关系。

● 游走于生病和正常的边缘

人格障碍中有一种"边缘型人格障碍"。

边缘型人格障碍的特征包括冲动、容易激动以及有自暴自弃、自我破坏的倾向。他们最显著的独特行为模式就是"对于被遗弃感到异常不安和害怕"。在实施杀害家人、情人以及偷窥、跟踪并杀人等罪行的罪犯中，就发现了患有这种障碍的人。

此外，现在日本的司法制度中，还没有患有边缘型人格障碍的被告被认为可以减刑的判决先例。然而，从精神医学的角度来看，这些人是患有不稳定且情形较为严重的精神障碍患者。以精神衰弱为由做减刑，无非是希望他们能够成为治疗的对象。

边缘型人格障碍的诊断基准

1 为了避免被遗弃而努力

2 不稳定且激烈的人际关系

3 性别认同障碍（不稳定的自我形象）

4 可能伤害自己的冲动行为

5 有自杀或自我伤害的行为、举动、威胁等

6 情感容易改变

7 慢性的空虚感

8 不合意就会暴怒

9 因压力产生的被害妄想以及严重的分离性障碍

符合五点以上

（还必须考虑这个人所处的社会环境）

自《精神疾病诊断与统计手册》摘录

关键词 •——— "割腕"的人

　　有些人会重复做出用刀子割手腕等自残行为。对于这种习惯性的情况，与其说是自杀，不如说是以自残为目的的冲动行为。一般认为，当悲伤、愤怒、孤独或自卑等情感上的冲动无法克制时，或者由精神压力导致身体症状的冲击时，就会发生自残的行为。在反复做出自残行为的人中，多数疑似患有边缘型人格障碍。

患有多重人格障碍的人犯罪了，可以被问罪吗？

多重人格者事实上并不罕见

● 多重人格者存在于现实当中吗？

一个人拥有两个或两个以上的人格，副人格在主人格不知道的情况下犯罪，这种多重人格者的犯罪在小说、电影中已经被人们所熟悉。多重人格障碍（症候群）在最新版《精神疾病诊断与统计手册》（DSM）（参阅第192页）中，被视为"分离性障碍"。在美国，因为威廉·米利根（William Milligan）事件（参阅下一页的关键词），导致声称自己为多重人格者的犯罪者急速增加（人格的数量也随之迅速增加），不过其中大多数是"诈病"（伪装生病）。

多重人格障碍者的背景，大多为曾在小时候遭到虐待等严重的创伤，而且同时还患有分离性障碍或创伤后应激障碍（PTSD，参阅第146页）。

● 多重人格者具有刑事责任能力吗？

要审问患有多重人格障碍的罪犯，存在很多困难和问题：

①需要鉴定是不是"诈病"；

②如果是多重人格者，需要判断犯罪时是主人格还是副人格在起主导作用；

③供述的犯罪经过及犯罪动机是否可信。

以上无论哪个问题，都无法轻易得到答案。

威廉·米利根因为被认定为多重人格者而逃脱了刑罚，同一时期，提请鉴定为多重人格者的强暴犯却被认定为"诈病"而服刑。自此以后，美国对于多重人格者在法庭上的审判变得更加严格了。

在日本，有案例显示，犯下杀人未遂的女性，因为是在多重人格障碍发作时所犯下的罪行，而受到不起诉的处理。此外，在日本犯下连续诱拐幼女杀人事件的宫崎勤，虽然提请鉴定为多重人格，但最终仍确定被判处死刑。

为何多种人格同时存在于一个人体内？

多重人格障碍（分离性障碍）
拥有独立性格和记忆的多种人格，在一个人体
内所展现出来的状态。

让我来帮你
改变吧！

在半个世纪以前，虽然有
多重人格病例的报告，但
当时只有2~3种人格。现
在，两种以上的人格已经
不稀奇，甚至有超过100种
人格的。

幼儿时期的虐待

心理防卫机能的瓦解

无法停止的痛苦或记忆等创伤，借由自我割裂分解来保护自我。
在这些创伤不停地反复发作下，就会发生反复解离，人格也随之增加了。

关键词 ●—— 威廉·米利根（William Milligan）

　　1977年，美国俄亥俄州立大学发生了女大学生诱拐强暴事件，犯人威廉·米利根就
是一个多重人格者。他拥有少年丹尼、少女克莉丝汀以及能说流利的阿拉伯语的青年亚
瑟等24种人格，他的罪行是由一部分副人格共同所为。他是美国历史上，第一位被认定
为因多重人格障碍导致精神失常而获得无罪判决的人。

用犯罪剖绘就能逼犯人认罪吗？

这种方法源自美国，在日本也开始得到运用

● 从犯罪事件的累积来推测犯人形象

犯罪剖绘（Criminal Profiling）的调查手法，为美国联邦调查局（FBI）最先开始使用。这是借由过去犯罪案例的累积和分析，来推测未侦破案件的犯人形象。最能发挥其成效的情况是在"显示未知犯人精神异常的征兆和事件"上，这种方法能够描绘出心理学、社会学上的犯人形象，评估出类似事件为同一犯罪者或为连续犯罪的可能性。

不过，犯罪剖绘并不能用于锁定罪犯。犯罪剖绘的结果无法当作证据采用，最终只能作为搜查的工具之一。如果在过去的犯罪案例中，犯人是特殊案例，那么就会出现能否被广泛应用的问题。

犯罪剖绘的方法由美国所创。在美国，经常发生加害者与被害者毫无关系的街头犯罪。现在在日本，科学警察研究所（日本警察厅的附属机关）也正在建立相关资料库。

● 从犯罪现场来锁定犯人的居住地

犯罪剖绘中有种手法叫作"地理式犯罪剖绘"。这是以过去的类似案件为基础，针对犯人空间行动的特征以及犯罪场所选择的特点进行统计分析，并抽取其行为模式，推测出该案件犯人最有可能的居住处以及应该优先搜查哪些区域。

不过，此项分析需要有一定的数据累积，通常需要五个以上的地点。现在，日本正在针对犯罪事件进行地理式犯罪剖绘的可能性进行研究。

为了锁定犯人形象

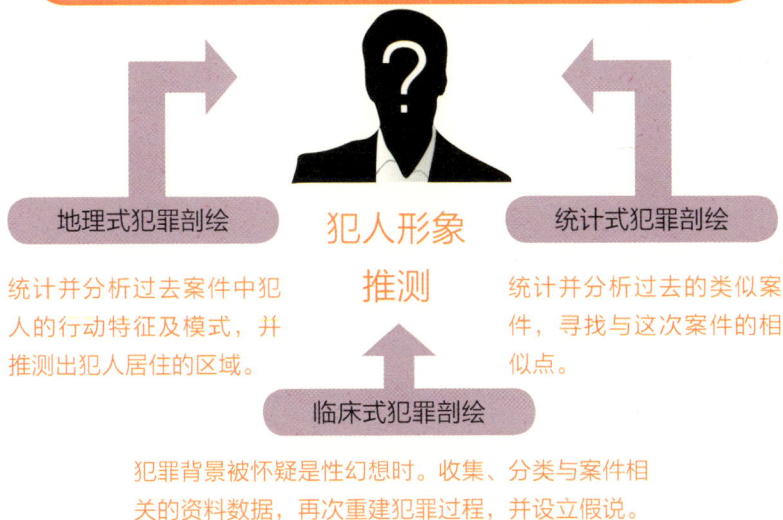

犯人形象
推测

地理式犯罪剖绘

统计并分析过去案件中犯人的行动特征及模式，并推测出犯人居住的区域。

统计式犯罪剖绘

统计并分析过去的类似案件，寻找与这次案件的相似点。

临床式犯罪剖绘

犯罪背景被怀疑是性幻想时。收集、分类与案件相关的资料数据，再次重建犯罪过程，并设立假说。

地理式犯罪剖绘思考模式的案例

选择犯罪场所的两种理论

1 远离居住地点的犯罪（在自家附近容易被目击和搜索）

2 在离自家不远处犯罪（移动等需要时间及体力，在不熟悉的地方会感到不安等）

从①和②推论，犯罪地点会选择离自家不远不近的场所。

推测、分析犯罪地点和相关地点，分析出犯人所在处（通常为自家住宅）概率较高的地方。

犯罪剖绘的有效性取决于资料的质和量

什么样的伤害
会深深烙印在被害者的心里？

灾害或重大事件导致的恐惧会引发各种症状

● 创伤的再度经历以及回避

每当发生灾害或重大事件，就会听到创伤后应激障碍（PTSD）这个词。这是灾害的受害者、重大事件的被害者以及目击者容易出现的精神性后遗症，是因为心灵受创（创伤）而引起的精神障碍。例如，孩童看了恐怖电影后会做噩梦等。

创伤后应激障碍被认为以下症状会持续一个月以上，或者灾害与重大事件过后一段时间出现的症状。

再度经历：虽然不喜欢创伤经历，但仍会不自觉地想起，甚至变成噩梦。或者，像做白日梦一样再度经历（倒叙重现）。

回避：回避与创伤相关的思维、情感、活动和场所等；丧失创伤经历的记忆；情绪低落，并且孤立和疏远他人。

过度反应状态：睡眠障碍、不易熟睡；焦虑、精神难以集中；过度警戒心、过度惊吓反应等。

● 针对犯罪被害者的关怀对策正在进行中

创伤后应激障碍会出现在幼儿时期遭受性虐待、强暴或强暴未遂以及跟踪等犯罪的被害者身上。需要持续对被害者进行治疗，先由精神科医师开出抗不安剂和抗忧郁剂让其服用，借此改善被害者的不安和抑郁的状况，使其勇于面对自我的严重问题，并接受心理疗法和咨询治疗。借由创伤经历和情感的转移和认同，使受害者心理上的伤害得到治愈。

此外，也可以同时进行由警察所做的犯罪被害者的支援和咨询等。

让被害者深受其苦的创伤后应激障碍

原因

1

濒临死亡或身负重伤的事件，自己有过身体暴力的经历，或者目睹他人遭受身体暴力。

2

强烈的恐惧、无力感和战栗。

不断回想起创伤经历（倒叙重现）

睡眠障碍、焦虑、精神难以集中等

回避与创伤相关的事物
- 避免与创伤相关的思考、情感和谈话
- 失去情感的丰富性，对未来不抱希望

关键词 ●—— 创伤后应激障碍与"越南战争"

越南战争中，在经历了游击战这种特殊恐惧的美国退伍军人中，爆发了对社会不适应、慢性抑郁、自杀冲动以及攻击性等问题，而由此造成的药物依赖以及反社会行为等，也成为极大的社会问题。通过研究，我们了解了战争的后遗症和性暴力后遗症的共通性，发现存在创伤后应激障碍。

将内心的缺陷升华为创作的天赋③

热奈（1910—1986）及其他

和文学无法割裂的"犯罪"

● 与犯罪共生的作家

有些作家的人生因犯罪而增添了不一样的色彩。法国的热奈是盗窃惯犯，他十多岁时的时光多半都在感化院中度过，其后他不断地在各地被放逐、逮捕、监禁、强制离境，甚至逃亡。他曾在监狱中被判刑，甚至差一点儿就被判为终身监禁，但因为《小偷日记》等作品被科克托（Jean Cocteau）和萨特（Jean-Paul Sartre）所欣赏，因而得到总统的特赦。

众所皆知，他在小时候被母亲遗弃，并且在严酷的环境下成长，但是促使他进行创作的动力和源泉始终是个谜。

● 用犯罪描绘现代人的空虚

有些文学作品是从犯罪者的角度来描绘现代人的心理的。

在法国作家加缪（Albert Camus）所著的《局外人》中，主角默尔索只是因为闪耀的太阳就杀人，而完全没有其他理由。在失去生存意义的世界中，他冷漠地迎接处刑之日。我们可以用"荒谬"这个词来形容默尔索，但默尔索面对的孤独和空虚，对于比当时更为都市化、人际关系也更淡薄的现代而言，也是一种启发。

在日本，如芥川龙之介在《罗生门》中描述的"为生存之恶"，森鸥外在《高濑舟》中描述的在船中杀害弟弟的细节等，都和犯罪相关、深入人类心理的作品也相当多。

第五章

罪犯能够
重返社会吗？

罪犯如何接受审判

嫌犯被起诉后便成为被告

● **嫌犯从警察经检察官移送至司法机关**

在罪行暴露后，警察会通过搜查证据来检举揭发"嫌犯"。嫌犯会被移送至检察院。不过，若是"微罪不举"①的情形，那么嫌犯本人并不会被移送，被移送的只有搜查文件的部分。

被移送的嫌犯，依据检察官的判断进行起诉。有时，事件并不会被定罪，即如果检察官认为事件不构成犯罪或者无法举证定罪，将不做起诉处理。所谓的起诉，指的是检察官请求法官开庭审判。此时，嫌犯就成为"被告"，要在法庭接受审判。

● **听取检方、辩方意见，同时搜证**

在刑事诉讼开庭审理②时，首先会告知检察官、被告及其辩护人出庭，听取事件过程，并让原告、被告双方主动或被动地提出证据。

接着，会由检察官根据犯罪事实来举证，并由辩护人（被告）进行辩护。之后，再由检察官告知被告科刑资料，进行辩护人的最后辩护以及被告的最后陈述，之后便终结审判（结案）。最终，由法官来宣布判决结果。

关键词 ●—— **日本刑事审判中的"裁判员制度"**

2009年5月，日本开始实行由一般国民以裁判员身份参与刑事审判的制度。裁判员将随机抽选，并参与经地方法院审判的刑事案件，如杀人、伤害致死、纵火、以赎金为目的的诱拐等重大案件。裁判员将同法官一起判断被告是否有罪，以及决定刑罚轻重（量刑）。

---

①成人所犯下的轻微盗窃、欺诈等，被检察官认定为微罪的案件。
②当罚金金额低于100万日元时，有可能不开庭，直接以简易程序（书面审判）进行审判。

从事件发生到审判的流程

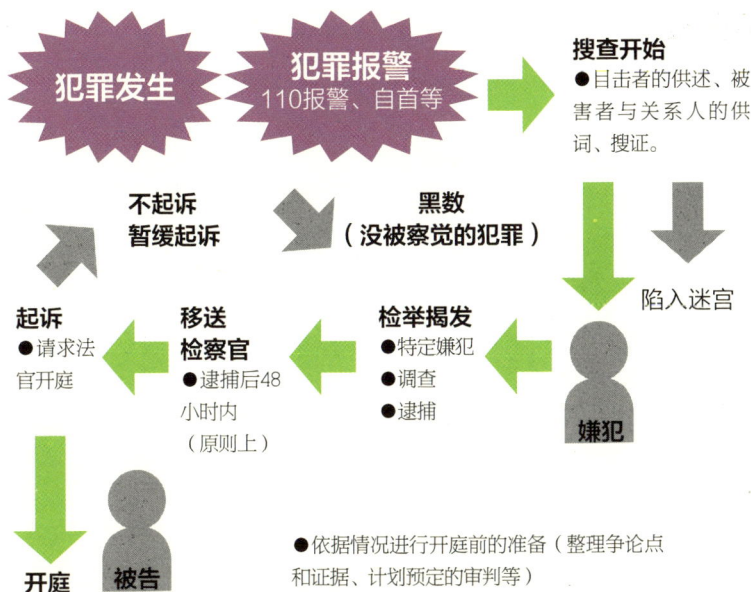

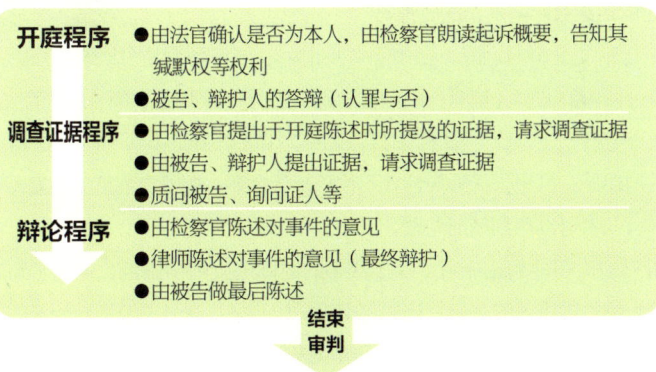

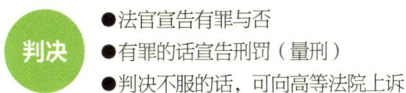

犯罪发生

犯罪报警
110报警、自首等

搜查开始
●目击者的供述、被害者与关系人的供词、搜证。

不起诉
暂缓起诉

黑数
（没被察觉的犯罪）

陷入迷宫

起诉
●请求法官开庭

移送
检察官
●逮捕后48小时内（原则上）

检举揭发
●特定嫌犯
●调查
●逮捕

嫌犯

开庭 **被告**

●依据情况进行开庭前的准备（整理争论点和证据、计划预定的审判等）

开庭程序	●由法官确认是否为本人，由检察官朗读起诉概要，告知其缄默权等权利
	●被告、辩护人的答辩（认罪与否）
调查证据程序	●由检察官提出于开庭陈述时所提及的证据，请求调查证据
	●由被告、辩护人提出证据，请求调查证据
	●质问被告、询问证人等
辩论程序	●由检察官陈述对事件的意见
	●律师陈述对事件的意见（最终辩护）
	●由被告做最后陈述

结束
审判

判决
●法官宣告有罪与否
●有罪的话宣告刑罚（量刑）
●判决不服的话，可向高等法院上诉

利用精神鉴定能获得什么讯息?

根据司法委托,调查被告是否具有刑事责任能力

● 对嫌犯、被告进行法律上的精神诊断

所谓"精神鉴定",就是根据检察官的委托或者法官的命令,由医师针对嫌犯、被告的精神状态进行的精神医学上的诊断。虽然这种方法在民事事件①、家事事件②中也会被采用,但主要是在刑事事件③中认为嫌犯、被告有精神障碍或者心理上的问题时才会实施。

日本最常实施精神鉴定的时间点为:被告被移送至检察官接受调查的阶段。要进行精神鉴定,需要由检察官提出"起诉前鉴定"的委托。这种鉴定又以专家对嫌犯进行一次面谈就得出结论的"简易鉴定"为中心。根据法院的命令对被告人进行的鉴定被称为"司法精神鉴定",这种鉴定是需要花费数月甚至数年来进行的正式鉴定。

● 鉴定的结果会影响刑罚的轻重吗?

进行精神鉴定的目的,是为了判断嫌犯、被告是否具有刑事责任的能力。不论哪个国家的法律,都有严重精神障碍下的行为皆不视为罪行的规定。在日本刑法第39条中,也提到"精神失常者之行为并不科罚;精神衰弱者之行为,则减轻其刑罚",意思是精神失常者不论犯下什么罪,都不会被起诉和无罪豁免,而精神衰弱者可以得到减刑处理。

针对重大事件的犯罪者,花上数年的时间进行精神鉴定,是为了判断犯罪者在这起案件中责任的有无,让法官得以做出有罪、无罪以及刑罚轻重的判断。至于是否采用精神鉴定的结论,要看法官的判断。

---

① 个人与个人在生活中引起的纷争。
② 家庭内部的纷争等。
③ 由国家向犯罪者问罪的事件。

实施精神鉴定的过程

由精神科医师等专家向嫌犯、被告实施

⬇

精神鉴定的方法

调查本人经历
所需资料：口供（本人、家人、第三者）、户籍、住民票（注：类似于中国的户口簿）与其附票、学校的学生指导记录、工作地点的出勤情况、评价、薪资等记录。

直接调查本人
一对一的面谈、问诊、各种心理测试，本人身体的诊察、检查等。

听取家属的说法
与双亲以及亲戚、兄弟姐妹、配偶等面谈或者电话询问。

⬇

制作鉴定书

一、被告现在的精神状态处于妄想型精神分裂症下。
二、被告在犯下本案时所处的精神状态几乎与上一条记录的现在的精神状态相符。
三、因此本人认为被告在犯下本案时的精神状态处于妄想型精神分裂症下，几乎丧失了判断自己行为是非善恶的能力，抑或不具有根据自己的判断来控制行为的精神能力。
鉴定结果如上。

鉴定人：××医师
××大学医学部精神医学教室××教授
东京都××区××町×番×号
平成×年×月×日

鉴定主要内文（鉴定书的结论部分）的范例

责任能力的有无

精神失常→无罪
由于精神障碍，使其无法判断行为的是非善恶，不具有根据其判断来控制自己的行为。

精神衰弱→减刑
精神障碍显著地降低了其判断能力和控制能力。

利用心理测验能获得什么讯息?

从问题与回答来探查犯罪者的潜意识

● 通过数种心理测验进行全方位的判断

虽然精神鉴定中最重要的是面谈与问诊,但在进行时,会以数种心理测验来加以辅助。根据测验的目的,可以从①成人智力量表 ②精神测验 ③借由纸笔测验进行的性格检查 ④投射法检查四项中选出几项进行测验。

从这些测验中可以了解受试者在智能与适应性等知觉上的另一面,还有其人格中情意上的另一面。尤其在测验中导入投射法检查后,就能在一定程度上,客观地推测出受试者从表层意识到潜意识的状况。

● 通过投射法来观察受试者的心理

在进行心理测验时,不可避免地会遇到为逃罪而佯装患有精神障碍,抑或因为不希望自己的内心被他人入侵而以防卫的姿态作答的案例。可是,即使将这些态度纳入考量中,这些测验依然会被视为有效的测验,其结果也会被采用。要知道,欺瞒经验老到的临床心理学家和鉴定人,是件极为困难的事情。

尤其在面对树木—人格投射测试(Baum Test)、墨迹测验等著名的投射测验时,受试者很难有意识地控制自己的反应,因此能明确地了解其自我功能甚至潜意识的结构。

受试者有时会表现出连自己都无法预测的反应,让鉴定人知晓其想知道却不得而知的事情等。也就是说,测验时有时也会出现受试者将心理层面的情绪或反应以肉眼可见的形式表现出来的状况。

投射法的解释与其他心理测验一起,都是进行精神鉴定的重要工具。

从不同角度来引导出人格特质的四种测验

1 成人智力量表
例如：WAIS（韦氏成人智力测验）

将受试者的分数以标准差的方法来表现其智力与平均值相比所处的位置。根据受试者的态度，成绩可能会有大幅变动。

2 借由纸笔测验进行的性格检查
例如：矢田部—吉尔福德性格测验

用"Yes"或"No"来回答12种有关性格特性的问题。从分数的趋势来判断其个性。

可是，测验结果会受到受试者与测试者的人际关系、测验时的心理状态的影响。

3 精神测验
例如：内田—克雷佩林心理测验

让受试者持续进行简单的加法运算，给予其课题。从作业量与错误的数量、速度等方面来查看受试者的智能和性格。

4 投射法检查
例如：语句完成测验（SCT）

让受试者写下由简短的词语或文章所联想到的东西。例如，要对方将"若是我的母亲……"的句子续写下去，借此判断受试者的内心状况。

关键词 ●—— 墨迹测验

由瑞士的精神医生罗夏（H. Rorschach）创立的一种投射法检查，被认为是精神鉴定时使用的心理测验中最为有效的方法。让受试者观看十张墨迹（inkblot），询问受试者看到了什么，借此评判该受试者的人格，检查是否有精神障碍。比起"看到了什么"，这个测验更加注重"怎么看待这个图像"（着眼点、反应是平凡的还是特殊的、反应时间等）。可是，要正确地解读该测验结果，需要大量临床经验和训练。

利用脑部检查能获得什么讯息?

对脑部异常的观察也有助于判断有无责任能力

● 从脑电波也能看出一定程度的异常

在精神鉴定时,常常会同时进行脑电波检查。在头部和耳垂等十几个部位装设电极,记录脑部的电波信号,借由分析记录所得的脑电波波形,来帮助判断受试者是否患有分离性障碍、睡眠障碍、酗酒以及特定的精神疾病。

● 用 CT和MRI来看大脑

现代技术的突飞猛进,使得我们能借助 CT(计算机层析成像)检查、 MRI(磁共振成像)检查等方式来简单地了解大脑内部的状况。

在检查犯下罪行的人格障碍者时,可能会发现他们的脑部出现了某种形态的异常。这种异常有可能是犯人犯罪的根本原因,或许能将这一结果用在鉴定他是否具有责任能力上。然而,有可能发展为"精神失常"的精神分裂症以及躁郁症等精神疾病,是无法借由脑部形态异常来加以诊断的。

对于从对脑部异常的观察来评判罪犯是否符合丧失或限定责任能力的情况一事,医学界和司法界(司法官跟律师)的见解并不一致。可是,也常发生这样的观察被纳入考量,反应在量刑(决定刑罚轻重)中的案例。

进行脑电波检查(调查脑部机能)、 CT与MRI检查(调查脑部状态)的做法,逐渐在精神鉴定中占有一席之地。今后在这类医学技术的发展推动下,或许哪一天我们就能用医学和科学的方式来分析犯罪者。

调查犯罪者的脑部

脑电波检查

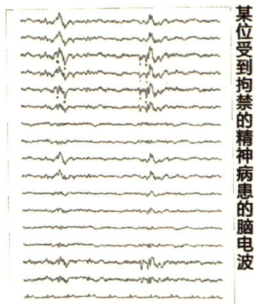

某位受到拘禁的精神病患的脑电波

在头部、耳垂等十几个部位装设电极，探测、记录大脑内部的电波信号。

能知道什么呢？

有关体质以及脑部发育是否成熟或存在异常等。

CT和MRI检查

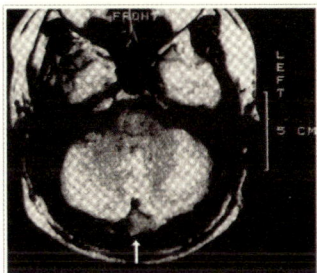

MRI照出的影像（脑部的水平切面图）

CT检查让脑部照射X光，借助计算机的处理，就能以断层（切面）的状态来观察脑部。
MRI检查将受检者的身体置于磁场中，让周围的磁场变化，借此为脑部成像。

能知道什么呢？

脑部的萎缩以及病变（例如瘤）的发生。

关键词 —— 装病

　　指罪犯假装患有精神病，试图逃避刑罚。在犯罪心理医学书的普及以及媒体对重大事件的大肆报道下，有些罪犯企图借由精神失常、精神衰弱的方式来获得无罪、减刑的判决，但这根本无法骗过经验老到的鉴定人的眼睛。只是，在拘留室中，也会发生由"拘禁反应"引发的精神障碍（拘禁性精神障碍）或装病，后来真的导致精神病发作的情况（拘禁性诈病精神障碍）。

宅间守

——大阪教育大学附属池田小学儿童杀伤事件（2001）

轻微脑部功能障碍、人格障碍、犯罪妄想等累积于人心中的"杀人愿望"

● "想让生长于富裕家庭的孩子知道何谓人生的不公平"

2001年6月8日早上10点过后，宅间守（当时37岁）驾车进入大阪教育大学附属池田小学的校园。在第二节课后的休息时间，宅间首先闯入二年级学生的教室，拿起菜刀杀害了5名儿童，接着他转移至其他教室继续行凶。在这起案件中，宅间总共杀害了8名儿童，造成13名儿童和教师负伤。倒地的儿童、大量流出的鲜血、四处逃窜的儿童发出的尖叫声让校园变为人间地狱。

因杀人以及与教师进行格斗，宅间变得体力不支而被教师制伏，最终被警方拘捕。这可以说是日本历史上最残忍、最凶恶的犯罪。宅间曾放话说，会选择在小学犯案只不过是因为"学童的抵抗力较弱，逃跑速度较慢"。从他之后的口供可以看出，他对生长于富裕家庭、接受精英教育的儿童抱有嫉妒的情感。

● 侵蚀他内心的"犯罪妄想"

宅间于1963年出生于日本兵库县，在精神状况不稳定的母亲以及滥用暴力、管教严格的父亲的养育下长大。自幼儿时期起，他就是个问题儿童，在小学时期有学习障碍等问题，而且也是从这个时期起，他开始虐待动物。宅间从少年时期起就患有幻想症，似乎从初中时期开始就在大脑中幻想强奸少女、监禁空姐或女学生并加以强奸和虐杀以及驾驶大卡车碾轧路人等犯罪行为，并为此感到兴奋。

在他就读工业高中时，因为校园暴力等原因被勒令退学。他还加入过自卫队，从事过市立公交车驾驶员、小学技工等职业，但总是到处惹是生非。他结过四次婚，其中有两次的结婚对象为相差20岁以上的女性，他还曾当过相差44岁的女性的养子，从这些情况中可以看出他对母性关怀的渴望。

因为自身任性的理由而诅咒世界、累积恨意。

宅间数次犯下强奸、施暴、伤害等案件，曾一度入狱服刑。在精神分裂症的诊断下，他也曾接受过精神治疗。距离事件发生约四个月前，他因为轻微的狂躁症入院，在距离事件发生的两周前，陷入了相当严重的忧郁状态。

在初次开庭一开始由当事人做陈述时，检察官明显情绪激动，旁听席传来遗属啜泣的声音，但宅间一直面无表情。

经过鉴定和调查，发现他是患有多重精神障碍的"精神病型谋杀犯"，与此同时，他还有反社会型人格障碍、妄想型人格障碍，而且脑部还有脑肿瘤。或许就是这样异常的精神状态，使得他把整个人生中的挫折和嫉妒，都发展成了实现犯罪妄想的动力，并最终引发了这起事件。

宅间自己撤回了对地方法院死刑判决的上诉，确定被判处死刑，并于2004年9月14日被执行（当年40岁）。

刑罚存在的理由

以严格的刑罚来阻止人们采取犯罪的行动

● 犯罪就要受罚

对犯罪者实施刑罚的目的有以下三点：

①预先告知民众犯罪者将受到刑罚制裁，从心理层面控制民众的行动，使民众远离犯罪（一般预防）；

②矫正受刑人，使其改善并预防再犯（特殊预防）；

③让犯罪者得到相应的报应（刑罚）。

①和②被称为"目的刑论"，③被称为"报应刑论"。日本对刑罚的态度被公认为采取了两者折中的思考模式。

● 刑罚有轻重

什么样的行为是犯罪，针对该犯罪又要处以什么刑罚？这些基准事先就由刑法加以规定，使犯罪者依照其犯罪的轻重受到法律的制裁。这一原则被称为"罪刑法定主义"。

日本的刑罚由重到轻依次为死刑、徒刑、监禁、罚金、拘留、低额罚款（指罚金金额在1000日元以上但不足1万日元，而且只适用于轻微罪行的刑罚）以及附加刑的没收。除了"以死谢罪"的死刑较为特殊之外，徒刑、监禁、拘留等剥夺犯罪者自由的都归类为"自由刑"，而罚金、低额罚款、没收等用金钱来偿还的则归类为"财产刑"。

关键词 —— 缓刑

在日本，没有前科的犯罪者若被判处3年以下有期徒刑、监禁或者50万日元以下的罚金，可以判处缓刑。这样的处置是为了促使犯罪者自我反省，重新做人。

在缓刑期间，如果没有再次犯罪，则免除刑罚。没有判处缓刑的判决被称为"实刑"，判刑后必须立刻入狱服刑。

日本的刑罚

拘留

留置于监狱等刑事设施中。属于自由刑。期限为1天以上30天以下。

罚金

处以一定数额的罚款。属于财产刑。金额在一万日元以上。

低额罚款

征收财产。金额为1000日元以上1万日元以下。

没收（附加刑）

没收跟犯罪有关的物品。如伪造文书、凶器等。

监禁

监禁于监狱等刑事设施中。属于自由刑。分为有期和无期两种监禁。

徒刑

拘禁于监狱等刑事设施中，并处以劳役。属于自由刑。分为有期徒刑和无期徒刑。

死刑

剥夺受刑者的生命。属于生命刑、极刑。在日本采用绞刑。

主要犯罪与刑罚

杀人（杀人罪）：死刑或者5年以上有期徒刑。

伤害（伤害罪）：15年以下有期徒刑或者150万日元以下罚金。

强奸（强奸罪）：3年以上有期徒刑。发生伤害致死的为无期徒刑或者5年以上有期徒刑。

抢劫（抢劫罪）：5年以上有期徒刑。发生伤害致死的为死刑或无期徒刑。

盗窃（盗窃罪）：10年以下有期徒刑或者50万日元以下罚金。

死刑能抑制犯罪吗？

杀人应该偿命吗？

● **"从人道主义的角度来说，必须废止"的看法**

死刑以及死刑制度的存续与废止，从人权、冤案的可能性、死刑的有效性和妥当性、生命的尊严等各种角度来看，在全世界范围内仍不断有争议发生。废除死刑论者主张，在统计上没有证据可以证明死刑能够抑制犯罪的发生。

但是刑罚除了预防和抑制犯罪的目的之外，也带有赎罪的报应目的。在日本，对于杀害两人以上的犯人倾向于判处死刑，这恐怕意味着能与这个罪名对应的刑罚（刑事责任）唯有死刑吧。犹如被害者家属所说的"希望能处以极刑"一般，我们无法否认死刑含有报复、复仇的一面。此外，在欧洲各国以及美国许多州都已经废止了死刑制度。

● **对死刑犯来说，何谓重获新生？**

在接受死刑的宣判、收容在拘留所的死刑犯中，有拒绝意识到死亡、否定恐惧的类型，还有因死亡的恐惧而引发恐慌，陷入假性精神病状态的类型。

不过，也有以死刑宣判为契机，在精神上获得了极大的转变以及成长的罪犯，他们甚至会替被害者祈福或书写文章。这种情况的出现又会使人质疑，像这样改过向善的罪犯是否真的必须被处以死刑。不过，此类死刑犯精神上的转变都建立在被宣判处以死刑这种极限状态下。也曾出现过死刑犯在得知自己被减刑为无期徒刑后，其精神世界再次无情崩塌的案例。

死刑犯的心理

拒绝意识到死亡、否定恐惧。

以平淡的态度、说笑的语气来谈论自己即将受刑的事情。缺乏对死的想象力。

例如，某名罪犯在被宣判死刑后提出上诉，但若问他对判决的看法，他会比画出刀架在自己脖子上的样子，并用谈天的语气回答："我想这次应该也是这样的吧？"

为逃避死亡的恐惧而装病，抑或真的发病。

有时是装病，有时则是真的生病。
例如，某个青年在被宣判死刑后，就提出自己患上了被害妄想，有幻听症状，还试图与外星人沟通。在接受治疗后，又变回了之前那个安静的人。

承认自己的罪过，在精神上得到极大的转变和成长。

人生观因此改变，也有变身为思想家或艺术家的人。
例如，某名死刑犯会借由抄写经书、创作文章来为受害者祈福。但是，这些罪犯常在减刑后又变回老样子。

南无阿弥陀佛……

监狱是什么样的地方？

对罪犯进行一天24小时的管理，指导他们服劳役。

● 受刑者每天过着什么样的日子？

监狱就是在执行徒刑、监禁、拘留等刑罚时收容罪犯的刑事设施（在日本，收容未定罪囚犯[①]以及死刑犯的是拘留所）。受刑者的刑罚将在监狱内执行（称为"处遇"）。还有一种处遇为"劳役"，受到徒刑处罚的罪犯有义务进行一定时间的劳役。根据受刑者的特点，除了让他们从事木工、印刷等制造业外，也会做煮饭、清扫等内务工作，必要时还有职业培训。在民间企业的协助下，甚至有外出通勤的工作。不论哪种工作，都会支付作业奖金（平均每月4000日元左右，在释放时交付）。

● 让犯人察觉自己犯下的罪过，再度回归社会

还有一种处遇为"矫正指导"。让受刑者了解自己犯罪的责任，培养起健康的身心，教会他们在出狱后适应社会生活时所需的知识和要培养的生活态度。此外，还有特别教育和指导的课程，帮助犯罪者从药物依赖中得到解放、脱离暴力团体、防止性犯罪再次发生等。若受刑者欠缺回归社会生活时所需的基础学习能力，将有学科课程的安排。依据少年监狱的不同，也有地方让受刑人完成义务教育或进行高中远程教学课程的学习。

关键词 ●——— 监狱已经进入饱和状态

在本书撰写完成时（2006年12月31日），日本的监狱等刑事设施所能收容的人数为79,375人，但实际收容的数量高达81,255人，呈现饱和状态。现在采取了让单人牢房住两人、一般牢房改为上下铺、在工作的空间用餐等权宜之计，但这样一来，会增加受刑人的压力，令人对现况深感不安。

①在确定刑罚之前受到羁押的嫌犯、被告。

从入监到释放

入监

根据入监的分类级别以及处遇的分类级别来决定收容设施。
入监分类级别包括A级（犯罪倾向轻微者）、B级（犯罪倾向明显者）、M级（患有精神疾病者）、W级（女性）等。

受刑者的生活范例

6：30 　起床、房内检查、点名等
　　　　　早餐
　　　　　在工厂等地方工作（一天不超过8小时）

12：00 　午餐
　　　　　会客、运动（一天30分钟）等
　　　　　沐浴约一周两次左右
　　　　　黄昏时回房

16：30 　晚餐、自由时间

21：00 　就寝

● 也会进行矫正指导
改善指导、学科指导

● 工作范例
- 制造业（木工、印刷、裁缝、金属加工等）
- 内务（煮饭、清扫、看护、设施的修补等）
- 职业训练

假释、释放

有"悔改之意"①的受刑人可以获得假释。只是，在刑期结束前，必须接受保护观察。释放前必须接受"释放前指导"（通常为期两周）。

① 必须符合可看出 A.悔改之意 B.有重新做人的意愿 C.被认为不会再犯 D.社会情感可容许该犯人得到假释等条件。

"少年院"是什么样的地方？

也有初等、中等、特别少年院全部经历过的人

● 在"少年院"中让非行少年重获新生

在日本，14岁以上（在少年法修订后，主要为14岁以上）的非行少年中，被家庭裁决所判处收容保护处理的少男少女将被送至少年院（受日本法务省管辖）。要被送到下一页所说的四种少年院中的哪一种，必须由法院依少年的年龄、犯案的严重程度、是否与非法集团有瓜葛等来决定。未满16岁的初犯大多被送到初等少年院，与暴力集团有关系的则被送到中等少年院，犯罪倾向严重的16岁以上少年将被送到少年院的最后一站，也就是特别少年院。

● 要离开"少年院"必须经过四个阶段

少年院的处遇分为短期处遇与长期处遇，进行促使其重获新生的生活指导、学科教育、职业培训以及面谈。之后，根据非行少年的行动和态度让他们晋级（从最下级到最上级共分四个阶段），一旦升到最上级，便可以在审查监护人和家庭环境后允许其假释。

假释后的少年在20岁之前必须接受"保护管束"。在服刑中，若少年已满20岁，将因年龄被释放。但是，若改善情况不佳，则会继续收容该对象至25岁。

关键词 ●—— 少年鉴别所

在日本，少年鉴别所是家庭裁决所在对少年下达调查、审判、保护管束等处理前，以心理学、医学等专门知识来鉴别少年特质的刑事设施。在收容后经过两周或四周的鉴别，向家庭裁决所提交该对象应送至少年院或者接受保护管束的处理意见。

少年院会提供适合少年的处遇

分四个种类

初等少年院
身心没有严重障碍，主要为12岁以上未满16岁的人。

中等少年院
身心没有严重障碍，主要为16岁以上未满20岁的人。

特别少年院
犯罪倾向严重，主要为16岁以上未满20岁的人。

医疗少年院
身心有严重障碍，14岁以上未满26岁的人。

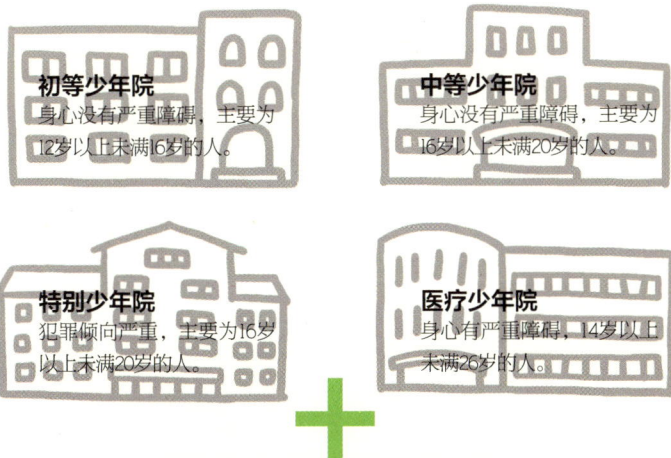

处遇分为三种

1 一般短期处遇
问题较轻微，对很可能在早期就获得改善的人进行短期的、持续性的集中指导和训练。原则上在6个月以内。

2 特修短期处遇
对犯罪倾向比①还要不明显的人实施开放处遇。原则上在4个月以内。

3 长期处遇
无法适应短期处遇的人。

关键词 ●—— 儿童自立支援设施

有些有不良行为抑或可能染上不良行为的儿童，还有因家庭环境等因素需要生活指导的儿童，儿童自立支援设施便是为了支援这些儿童自立而设置的。这里所指的儿童为未满18岁的少年。该设施的特征是用小规模寄宿等方式，让少年生活在有家庭氛围的地方并接受教育，管辖单位为日本厚生劳动省。

累犯是可以避免的吗？

有四成犯罪者会再次犯下罪行

● 即使在假释和保护管束下，仍会再次犯下罪行

2004年奈良女童杀害事件的罪犯、2006年大阪监禁伤害女性事件的犯人，皆为处于保护管束抑或曾接受过保护管束的对象。这种情况的发生使得保护管束制度的实施方式、防止累犯的困难等议题再次浮出水面。

被监狱收容的受刑者中有60%左右会在服满刑期之前获得"假释"，即暂时出狱。但是，到服满刑期为止之前，这些受刑者需要接受保护管束，由国家的观护人、民间的保护机关进行指导，必须在定期的面谈下过着"居住在一定的地点，从事正业""保持善良行为""不与可能犯罪、行为不良的对象来往""搬家与长途旅行必须事先获得执行保护管束者同意"的生活。在此期间，若有违反规范之行为或者再次犯罪，将取消假释。

被检举的犯人中是累犯者的概率为38.8%（2006年），此外在保护管束期间再次犯罪的人也层出不穷。

● 为什么会再次犯罪？

持续再犯的累犯者中，最多的是司奈德所提及的意志薄弱者，而最常看到的是盗窃累犯。他们当中似乎有大多数都为能再次回到缺少诱惑的监狱而感到心安。此外，之所以会变成累犯，还有出狱时的解放感以及因为有"前科"难以寻得正职等因素。这种倾向在长期服刑的人身上尤为明显。其他再犯率居高不下的还有滥用兴奋剂和性犯罪者。

为了防止受刑者再次犯罪，日本政府对各式各样的"矫正处遇"进行了讨论和分析，尤其针对性犯罪者，从2006年开始导入以认知行为治疗为基础的性犯罪处遇项目和计划。

居高不下的再犯率（受到检举的一般刑法犯为累犯的概率）

日本所谓的一般刑法犯，指的是从整体的刑法犯中扣除交通过失致死罪犯的刑法犯。

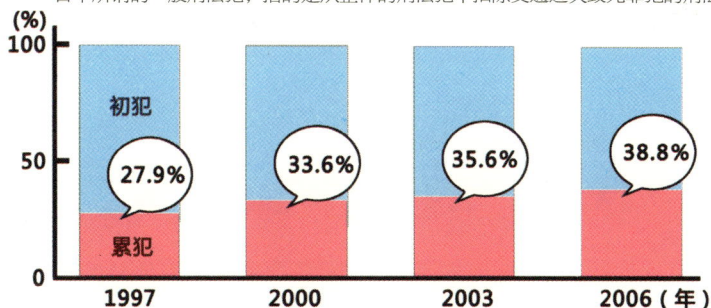

(%)

- 100
- 初犯
- 50
  - **27.9%**
  - **33.6%**
  - **35.6%**
  - **38.8%**
- 累犯
- 0

1997　2000　2003　2006（年）

参考资料：《平成十九年版犯罪白书》

出狱后的问题

家庭与交友关系
再次跟坏朋友往来或者跟家人间的关系不和睦，或许会使人自暴自弃。

就业的问题
由于有"前科"又缺少社会经验，很难就业并获得自立。长期服刑的人甚至连住民票都没有。

酒精、药物、赌博的诱惑
必须克服生活中的各种诱惑。

由"更生保护会"等组织协助就业。

对假释的犯人，在刑期结束前，必须有执行保护管束的观护人或监护人来监督、援助其生活。

对因再犯被视为问题的性犯罪者实施性犯罪者处遇计划（借由以认知行为治疗法为基础的团体治疗，让犯人学习如何控制自己，如何对他人抱持同理心等）。

有可能借由医术治愈吗？

精神医疗观察制度的可能性与限制

● **无罪判决的精神失常者将强制入院治疗**

在日本，至今实行犯罪后因精神失常而无罪释放的精神病患，将脱离刑事上的司法程序，依据《精神保健福祉法》而实施强制入院（6个月左右）。

由于强制入院的制度并不完善，日本在2005年新导入的医疗观察制度中规定，"因精神失常等状态而犯下重大伤人行为（杀人、抢劫、伤害、伤害致死、强奸、猥亵、放火）的人"（犯法的精神病患），必须在地方法院的法官与精神科医师的合议下，在指定医疗机构进行一定时间的入院治疗或定期到医院接受治疗。

● **刑事政策与精神医疗之间的空白**

然而，这项制度中存在着各种各样的问题。原本，促成这项制度的契机，就是2001年大阪教育大学附属池田小学儿童杀伤事件。因为事件的犯人在之前犯下伤害事件时并未受到起诉，在短时间内就脱离强制入院的掌控，所以为了防止触犯法律的精神病患再次犯案，才紧急出台了这项制度。

然而，指定医疗机构的调整显得有些缓慢。针对触犯法律的精神病患的特别治疗法也尚未完全确立。患者该有多大程度的改善和缓解之后方能出院，又是否应该继续要求对方回诊和持续进行保护管束工作，这些都是难题。因此，这些问题将在医生、法官、保护观察机关的社会康复调整官等人讨论商议后，才能做出决定。

精神医疗观察制度的治疗流程以及课题

在精神失常等状态下做出伤人行为的人

在地方法院与精神科医师共同讨论后，决定处遇方式（需要与否、是住院还是定期复诊等）。

设施不足。预计全国应该需要700个床位，实际上只能挪出200个床位（截至2006年12月）。

定期复诊

入院

指定入住医疗机关（国立、公立医院等）负责专门的入院治疗以及出院后生活环境的调整。

保护观察机关（社会康复调整官）

特别治疗法是什么？判断出院时间的基准是什么？

后悔
反省
重新做人
改过向善

指定的复诊医疗机关（医院、诊所等）

定期复诊时，与地方社会的配合是否能顺利？

身心障碍福利服务机构等

都道府县以及市区町村（日本各行政层级所设置的精神保健福祉中心、卫生部等）

处遇结束（原则上大约为3年时间）

关键词 ●————— 死刑制度的未来发展

　　2007年12月，在执行死刑之后不久，才公开死刑犯的姓名和执行地点（日本的情况）。迄今为止，有关死刑的一切原本采取的是绝对的保密主义，以前甚至还有连执行死刑的事实都不会被提及的情况。

　　这原本是顾及会给死刑犯的家属以及其他死刑犯带来的影响而采取的措施，但是鉴于被害者的心情以及制度的透明化越来越受到重视，才会做出必须公开的判断。原本根据刑事诉讼法，死刑应该在判决确定之后的六个月内执行。可是连被称为例外、执行迅速的宅间守的死刑也花费了大约一年，而且在执行死刑之前必须花费5~10年的案例也并不少见。并且，近年被判处死刑的案例与日俱增，导致被羁押于拘留所、等待处刑的死刑犯曾超过100人。

　　此外，在日本执行死刑时需要由法务大臣在"死刑执行命令书"上签名，但有时大臣不愿意执行，有许多死刑在其任期结束前才执行（据说是为了避免受到批判）。除了刑事审判的裁判员制度的实施之外，希望今后各界能更深入地讨论有关死刑信息的公开和存废等各种议题。

第六章

犯罪无法根除吗？
让我们来翻开犯罪研究的历史

犯罪心理学是一门什么样的学科？

探索犯罪者的内心，寻找犯罪的原因

● 探索犯罪者的内心

人为何会犯罪呢？犯罪者与一般人之间又有什么不同？还有，如何让善良的市民、社会大众重新接纳犯罪者呢？研究这些问题的就是"犯罪心理学"。

原本"犯罪学"可以分为研究犯罪现象及其与社会的相互关系的"犯罪社会学"，以及从犯罪者个体展开研究的"犯罪生物学"。

在"犯罪生物学"中，主要从人的身体构造方面探索犯罪原因的是"犯罪人类学"。将焦点放在心理学这一层面上的则是"犯罪心理学"，而特别着重于研究精神障碍与犯罪之间关系的则被称为"犯罪精神医学"。

● 所有人都是犯罪心理学的研究对象

犯罪心理学研究中困难的地方，在于其研究对象——"犯罪者"并没有心理学上的定义。"犯罪"为社会性、法律性上定义的行为，就算精神处于危险的状态，但只要未因犯罪被逮捕，当事人就不能称为犯罪者。

犯罪心理学除了通过对犯罪者进行科学研究来减少犯罪以及逮捕犯罪者这种务实的目的外，还能通过犯罪者来研究人类心中的异常性和本性。

关键词 ●—— 魔女审判

在犯罪学这门学科确立之前，人们曾认为犯罪是"恶魔的行为"。尤其欧洲在13—17世纪时，曾掀起"魔女审判"的狂潮，有许多男女被视为受到"恶魔附身"而遭到处决。这在研究人与犯罪之间的关系时，可以说是极为重要的研究对象。

探究犯罪者之学问的主要脉络

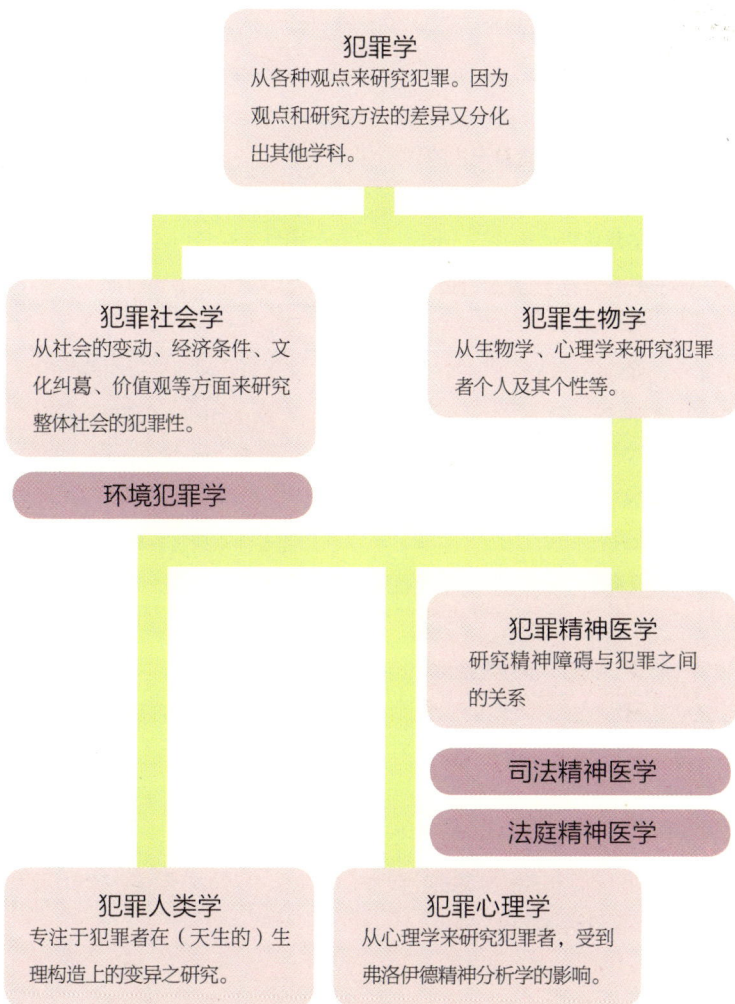

犯罪学
从各种观点来研究犯罪。因为观点和研究方法的差异又分化出其他学科。

犯罪社会学
从社会的变动、经济条件、文化纠葛、价值观等方面来研究整体社会的犯罪性。

犯罪生物学
从生物学、心理学来研究犯罪者个人及其个性等。

环境犯罪学

犯罪精神医学
研究精神障碍与犯罪之间的关系

司法精神医学

法庭精神医学

犯罪人类学
专注于犯罪者在（天生的）生理构造上的变异之研究。

犯罪心理学
从心理学来研究犯罪者，受到弗洛伊德精神分析学的影响。

在分析、研究现实生活中的犯罪者时，必须从各种领域进行综合性的观察。

犯罪研究的起源是什么？

探究犯罪者与一般人之间的差异

● 龙勃罗梭认为"犯罪者是天生的"

具有科学精神的犯罪学源于19世纪70年代到20世纪初期，由活跃于意大利的精神病学家龙勃罗梭所开启。他实际观察和调查了许多犯罪者，发现有很高的概率能在犯罪者身上找出普通人所没有的"变异特征"（生理上、心理上的特征）。

此外，他认为有许多犯罪者都是怪人，生来就有必须变成犯罪者的宿命。此外，他认为犯罪者所表现出的特征与原始人、野蛮人很相似，并将其视为"返祖现象"或"隔代遗传"。由此，龙勃罗梭提出了他的"天生犯罪人"理论。

在龙勃罗梭的时代，由于启蒙主义占有优势，所以他们喜好文明的进步与发达，并以未开化和退化为恶。他无意识地在犯罪者样本身上挖掘出自己对犯罪者所抱持的印象——被人类的进步所抛弃，野蛮、原始、狰狞，并且加以强调。

● 犯罪生物学、犯罪人类学的起源

之后，龙勃罗梭的"天生犯罪人"理论受到了犯罪社会学的强烈批判。

不过，从科学的角度进行研究的方法，慢慢发展成为"犯罪人类学"和"犯罪生物学"，随后又衍生出"犯罪心理学"和"犯罪精神医学"等分支学科，并延续至今。尤其伴随着近代医学和检查技术的进步，在能够对犯罪者的身体特征，尤其是脑部机能和结构进行精密的检查后，我们发现可以从犯下重大罪行的犯罪者身上找到某些异常特征。

何谓龙勃罗梭所说的天生的犯罪性？

龙勃罗梭的三项假说

1 犯罪者生来就有犯罪的宿命。

2 在会引发犯罪与不会引发犯罪的人之间，存在明显的区别（变异特征）。

3 犯罪者因为"返祖现象""隔代遗传"而比较接近野蛮人。

天生犯罪人的特征

生理特征

头部太大或者太小、下巴向前突出、额头窄小往后倾斜、五官不对称、斜视、三白眼、尖耳、耳朵会动、左撇子等。

心理特征

个性冲动、自我中心、傲慢又虚荣、欠缺道德情感、常讲独特的话语以及黑话（新语症，Neologism）、感觉迟钝等。

龙勃罗梭的假说在这之后虽然受到批判，但其方法论被新龙勃罗梭学说所继承。

各种犯罪者的分类方式

从生物学上的分类到心理学、社会学上的分类

● 造成犯罪行为的主要原因为遗传、体形还是个性？

以龙勃罗梭为首的精神病学家在之后做了诸多尝试，试图以遗传学、身体类型学、生理学等知识针对犯罪者加以说明。

在遗传学上，鉴于犯罪性可以遗传的观点，对犯罪者的家属以及双胞胎进行了研究。身体类型学和生理学则将人类的性格加以分类，为每种性格归纳出容易犯下的罪，显示性格与特定的体形存在联系的"犯罪—性格—体形"类型学也由此诞生。

德国的精神病学家和心理学家克雷奇默（Ernst Kretschmer）将人类的个性与体形的关系分为①分裂气质（瘦弱型）②循环气质（肥胖型）③黏着气质（肌肉型）三种。此外，美国的心理学家谢尔顿（William Sheldon）将个性与体形的关系分为内胚型、中胚型与外胚型三种。

奥地利的犯罪学家谢利（Ernst Seelig）将犯罪行动的模式以及与其相对的性格倾向加以结合，借此将犯罪者加以分类。克雷奇默的身体类型学是以一般人为对象加以分类，并将之应用于对犯罪者的分析上，谢利则直接将犯罪者分为八种类型。

● 从犯罪者分类论发展成犯罪剖绘

诸如此类的犯罪者的分类论，都因为会将人多种多样的个性分类至有限的类型框架中，比较容易忽视罪犯个性上的要素，而且会存在难以用来分析处于两种类型之间的人与拥有多种类型特质的人等问题。

在实际运用中，将罪犯分类是极为有效的做法。这种做法也能运用于搜查罪犯时所做的犯罪剖绘中。

克雷奇默的三种分类

分裂气质

缺乏社交性、神经质、容易亢奋、给人冷淡的印象等。

黏着气质

对事物相当执着、做事仔细谨慎、注重义理人情、慎重、容易激动等。

孤独……

唯唯自语

循环气质（躁郁气质）

一方面社交性强、活泼开朗（躁状态），另一方面既文静又消极（抑郁状态）。

由谢利分类的犯罪者类型

1	**厌恶劳动的职业犯罪者**	因厌恶工作而以犯罪为生。例如盗窃犯、欺诈犯等。
2	**因意志薄弱而成为财产犯**	意志薄弱，无法抗拒诱惑和压力而成为财产犯等犯罪的累犯。
3	**具攻击性的暴力犯罪者**	有习惯性的暴力倾向，容易因小事就诉诸暴力。
4	**缺乏对性方面自制力的性犯罪者**	对性方面的自制力薄弱而引发性犯罪。例如强奸犯等。
5	**危机犯罪者**	当陷入内心纠结的状况时，只想得出用犯罪这种方法来逃避。
6	**原始反应犯罪者**	由于情绪容易亢奋，受到刺激时会做出欠缺思考的反应，犯下纵火等罪行。
7	**确信犯**	相信自己有必须犯罪的义务而犯罪。比如，政治犯、思想犯、宗教狂热者。
8	**因缺乏适应社会的训练所造成的犯罪**	由于缺乏适应社会的能力而违反社会规范的犯罪者。

智能与犯罪被放在一起讨论的原因

不言及社会环境，就无法讨论智能障碍者的犯罪

● 戈达德提出"犯罪者在智能上有缺陷"

有关智能与犯罪的关系，自古以来就被视为问题。1914年，美国学者戈达德（Goddard）在未成年犯罪者中进行了智力测验，提出平均有65%的收容者有心智发育迟缓问题的报告，认为犯罪者都是在智能上有缺陷的人。他认为，过低的智能容易造成对社会的不适应，难以辨别善恶，因此很容易引发犯罪。

然而，运用之后开发出的许多智力测验对众多非行少年以及犯罪者进行测验后，戈达德的观点便令人无法完全认同。

此外，直到近几年，才有报告指出智能障碍者在犯罪者中所占的比例逐渐降低，而且非行少年和一般少年在智能上并无显著差异。

● 智能障碍并不会直接造成犯罪

在智力测验中，IQ（智商）低于70的被称为心智迟缓或智能障碍。过去有报告指出犯罪者中智能障碍者所占比例偏高，是因为智力测验不完善、样本的偏颇以及智能障碍者容易遭到逮捕（其中包括冤案）等因素，尤其是特殊教育与社会福利制度还不完善，恐怕这些才是造成这种状况的主要原因。

智能障碍者容易引起的犯罪为纵火、盗窃等单纯的财产犯罪。另外，也有人指出智能与犯罪的关系并不应该着重于智能高低，而是智能的"质"。也就是说，比起语言性智能指数，犯罪者的动作性智能指数较高。此外，智能障碍者在逻辑思维、抽象思维上的能力也较差，对具体的事物会表现出较为浓厚的兴趣等。

"智能与犯罪"之研究所扮演的角色以及关注的焦点

测量智力的方法

智力年龄测验
根据测验来测定受试者的IQ。要测量成人的IQ，必须将实际年龄列入考虑的范畴。

智力标准分数检查
将标准分数50视为平均智能，测定受试者在同一年代出生的人中的智能水平。

⬇

能在早期察觉出智能障碍，有助于判断该对非行少年和犯罪者实行什么样的处遇。

⬇

在鉴定中被认定为精神衰弱，就能获得减刑。会被送到医疗监狱或者医疗少年院，接受特别教育。

智能与犯罪被放在一起讨论的理由

"有许多智能低下的人无法适应社会，因此容易犯罪"之先入为主的观念。

关键词 ●——— IQ

这是在进行智力测验后获得的数据之一。先计算出智能年龄，除以生活年龄（实际年龄）后再乘以100而得。在现代，韦氏成人智力量表第三版（WAIS-III）采用所得的结果调查出了一定年龄层的智能分布，再进一步计算出平均分数与标准分数。如果将平均智力定为IQ＝100，那么IQ未满70的人将被视为智能障碍。

性格偏激的人易成为罪犯吗？

盗窃犯多为意志薄弱的人，暴力犯则以脾气暴躁的人居多吗？

● 什么个性的人容易成为罪犯？

个性极为偏激的人又被称为"性格异常者"，不过"性格异常"这个词中并不包含"善""恶"的品性判断。

在性格异常者中，德国的精神科医生司奈德将"为自己的异常感到烦恼，或者使社会都为他的异常感到困惑的人"定义为"精神病质者"。不仅如此，司奈德还将精神病质者划分为十种类型。司奈德认为精神病质（性格异常）是与正常状态的背离（变异），与精神病之间存在明确的界限。也有人认为，精神病质者处于正常人与精神病之间的中间状态。

在现代，《精神疾病诊断与统计手册》中所使用的"人格障碍"一词已经取代了"精神病质"，被广泛应用于该分类上。由于司奈德的分类类型既容易理解也容易使用，现在也一并会在分析中用到。

● 令社会（他人）感到困惑的六种类型

"精神病质"分为"自寻烦恼"和"令社会（他人）感到困惑"两种类型。下一页介绍的十种类型中，从①意志薄弱型到 ⑥狂信型六种类型是"令社会（他人）感到困惑"的类型，也被认为是容易引发犯罪的类型。

虽说如此，以自寻烦恼为主的⑦～⑩的分类有时也会演变为犯罪的原因。此外，还有许多犯罪者兼具其中多种类型的特质。

精神病质者的十种类型

1 **意志薄弱型**
犯罪者中比例最大的类型。特征为缺乏耐心、自发性和主动性。容易受到环境的影响。

2 **发扬型（轻躁型）**
虽然活泼、充满动力，但是十分轻率、容易激动。

3 **显示型**
虚荣，善说谎，喜欢引人注目。也有人将现实与幻想混为一谈。

4 **爆发型**
会因为一些小事发怒，实施暴力。此外，这种人也容易让累积的不满在瞬间爆发出来。

5 **无情型**
缺少同情心、羞耻心、良心等人类的情感。对自己以及他人的痛苦与命运毫不关心。

6 **狂信型**
为某种信念赌上自己的一切。

7 **情绪易变型**
常陷入不高兴、忧郁、焦躁等情绪中。

8 **缺乏自信型**
胆小、内向、敏感、自我意识过剩以及容易在意他人。

9 **抑郁型**
天生悲观、厌世、郁闷。

10 **无力型**
神经质，常想向人倾诉身体上的症状和精神上的烦恼。

令社会（他人）感到困惑的类型

自寻烦恼的类型

小林 薰

——奈良女童杀害事件（2004）

恋童癖、虐待狂、幼稚的自我显示欲让他袭向擦肩而过的女童

● 用手机炫耀自己的罪行

2004年11月的某天晚上，奈良市一名7岁女童的母亲在手机上收到一封邮件，内容为"你的女儿我要了"。

这封邮件是由女童所持有的、带有GPS（全球定位系统）功能的手机所发出的，里面还附有女童的遗体照片。第二天凌晨零点5分，在距离被害者家约7公里的路旁水沟中，发现了该女童的尸体。经过法医鉴定，女童是在浴缸之类的地方溺水身亡，而且女童身上有多处擦伤，牙齿也掉了几颗。

之后的一个月，警察的搜查毫无进展。到了12月中旬，这名女童的母亲在手机上再次收到利用被害者的手机发来的"下次我要带走妹妹"的邮件。根据通信记录的追踪，警方锁定了住在近郊住宅区的某名男子，并于12月30日搜索住宅时发现了被害女童的书包以及手机，随即逮捕了送报员小林薰（当时36岁）。

● 性反常行为、自我显示欲以及孤独

小林在当地读完小学和初中后进入私立高中继续学习，毕业后虽然在居酒屋等地就职，但都无法长久。最后，他在报纸配送店谋到了工作。有知情人透露，小林从小学开始就是欺善怕恶的人。

小林曾有对幼儿进行性犯罪的前科。15岁时，他曾因强行抱住小女孩儿而接受辅导，之后接连犯下八起强制猥亵案件，甚至在猥亵一名5岁女童时因女童哭闹掐住了她的脖子，最后因杀人未遂而服刑。

从精神医学的角度来分析，他有恋童癖、性虐待狂、快乐杀人、恋尸癖、恋物癖等混合性癖的异常精神状况。他精神上的另一个特征，就是有着不成熟的自我显示欲。他之所以特地将遗体的照片用邮件发出，是因为生怕搜查毫无进展，使得世人将他遗忘，于是便用这种方式来暗示自己即将再度作案。他还在常去的酒吧公开女童遗体的照片给他人看。

为满足自己扭曲的欲望，对柔弱的孩童出手的性犯罪者绝不可原谅。

在第一次公开审判时，小林曾说："我想早点儿被判处死刑，以宫崎勤或宅间守第二留名世间。"

在这起案件中，使性犯罪者改过自新的困难程度受到了世人的关注，日本是否应该仿照美国的梅根法案，将性犯罪者的行踪和情报加以公开之类的要求或意见也在一时间进行了热烈的讨论。

弗洛伊德的精神分析学

从人所累积的体验读出人心

● 人的行动受到潜意识的很大影响

由奥地利心理学家兼精神病医师弗洛伊德所创立的精神分析学不仅对心理学、精神医学，也对20世纪的人文科学和艺术产生了巨大影响。精神分析学研究人的心理，将人的心理视为"会成长和发展的一个历史性的存在"以及人的心理由个体（我）与环境之间的交互作用所产生。该学说的核心就是认为人类的心理与行动受到"潜意识"巨大影响的动态潜意识论。

意识和潜意识都拥有人类自出生以来所拥有的历史，并受到过去体验的影响。弗洛伊德认为，人的性格倾向和精神状态都能追溯至幼儿期的体验，而且犯罪行动与犯罪者的心理必须通过出生以来所累积的体验来理解。这种做法同样也运用在了犯罪心理学上。

● 在成长为成人之前，必须经过五个阶段

弗洛伊德将人的性心理发展划分为五个阶段：①口欲期②肛门期③性蕾欲期④潜伏期⑤生殖期。他特别关注幼儿期中的性蕾欲期（又称俄狄浦斯期），认为正是此时父亲、母亲与孩子之间三者关系的体验，塑造出了人的心理和行动的原型。

幼儿期的体验会给人的意识和潜意识带来极大影响，这种看法现在已经得到广泛认同。然而，认为人的心理和所有行动都是因为幼儿期的体验，例如将心理异常和犯罪行为全都归咎于幼儿期受到的心灵创伤的这种想法，还是太过简单和武断了。

弗洛伊德将成长为成人的过程分为五个阶段

1 **口欲期（出生至1岁）**
从口腔接受母亲（外界）所给予的东西。获得对世界的基本信赖。
若这个体验无法满足，将对这世界抱持"基本的不信赖感"（母性剥夺）。

2 **肛门期（2~3岁）**
学会控制排便以及自律。若对排泄的管教太过严格或者太过放纵，将使人产生各种各样的强迫症状。

3 **性蕾欲期（4~5岁）**
开始对自己的性器官感到兴趣。若是男孩儿会眷恋母亲，并对父亲燃起强烈的对抗心（俄狄浦斯情结），女孩儿则相反。当这种情结解除后，男孩儿会更像男人，而女孩儿会更像女人。若是无法顺利排解，会一直抱持强烈的罪恶感，在成人后患上神经症等症状。

4 **潜伏期（6~12岁）**
较为安定的时期。学习
社会规范。

5 **生殖期（青年期以后）**
性心理发展的最终阶段，指青春期
以后的阶段。
对自己为何人的自我认同感到烦恼。

从精神的构成看罪犯的内心世界

"超我"太过膨胀会相当危险

● 精神由三个部分构成

在精神分析学中，将精神视为由三个部分构成的产物，包括顺从本能的冲动以及因欲望而动的"本我"（Id）、协调本我与外界的"自我"（Ego）以及将父亲的形象与规范、社会伦理内化而成的"超我"（Super-ego）。其中，性欲、食欲、攻击冲动等本能都存在于本我的潜意识中，并由超我来控制。自我立于本我与超我之间，担任调节双方的角色。这便是精神的构成，人在这三个部分的平衡下生活。

超我和自我不发达的人，会因本我而顺从本能的欲望生活。弗洛伊德的那句"儿童是作为犯罪者出生的"说的就是这个意思。

● 犯罪者可以根据三个部分的结构进行分类

可依据本我、自我、超我的结构将犯罪者分为四种类型。

①偏神经症的犯罪者

超我膨胀、自我萎缩，怀有强烈的罪恶感，为惩罚自己而犯罪。

②偏犯罪的超我犯罪者

由于儿时教育和管教的结果而认同犯罪者的规范。例如出身于不道德的家庭或犯罪家族的子弟等，多属于这一类别。

③偏精神病的犯罪者

因精神病而丧失本我、自我、超我之间的界限。

④偏犯罪的行为不良者

缺乏超我、自我膨胀。欠缺控制，随着本能的冲动行事，无法融入社会。

超我、自我与本我

在精神分析学中，将精神分为三个部分。

超我 良知。将双亲的规范内化的部分。

自我 顺从现实的原则。合理化、组织化的部分。

本我 本能冲动，受到抑制的部分被压抑在此。

正常
三个部分取得
平衡的状态

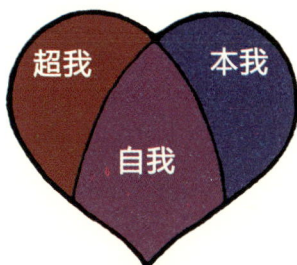

超我　本我
自我

偏犯罪的行为不良者
超我与自我的联结较弱。
本我过于巨大。
个性冲动。

超我　本我
自我

**丧失各部分之间
的界限**

超我　本我
自我

偏神经症的犯罪者
超我太过膨胀

超我与内心
分离或欠缺

偏精神病的犯罪者
丧失了各部分之间的界限

从犯罪经历可以看出累犯的类型吗？

从犯罪生活曲线能够知晓累犯者的行为和性格特征

● **将犯罪者的经历数据化、曲线化**

　　率先提出观察犯罪者，特别是累犯者（反复犯罪的人），并将其特征分类的研究者，是日本的精神医学家吉益脩夫。他使用一种名为"犯罪生活曲线"的科学方法将犯罪者做了如下分类：

　　首先，根据犯罪者初次犯罪的年龄，可以分成早发犯（25岁以下）与迟发犯（25岁以上）。接着，从犯罪经历来看，根据犯罪者于出狱后到再次犯罪的时间，分为两年以下（持续型）、2~5年（张弛型）、间隔超过5年以上（间歇型）和自出狱后不再犯罪（停止型）。从犯罪的方向来看，又可以分成单一方向（如多次犯盗窃罪）、同种方向（涉及财产犯罪等相同种类的犯罪）、异种方向（涉及财产犯罪与暴力犯罪等两种类型的犯罪）与多种方向（涉及3种以上的犯罪）。

　　将这些资料统合，沿着时间轴画成的曲线，就是犯罪生活曲线。根据犯罪生活曲线，可以分析出犯罪者的特征，并得到更丰富的信息。

● **从犯罪生活曲线看犯罪者的性格**

　　犯罪生活曲线在对犯罪行动进行分类的同时，也显现出了犯罪者的多种性格样貌。例如对于"早发—持续/间歇—单一方向"的累犯者，几乎可以确定他是一名意志薄弱的盗窃累犯；而"早发—持续—多种方向"的累犯者，则具有意志薄弱、无情的病态性格和暴力性格，大多是有过盗窃、强奸、暴力等前科的犯罪者。

　　由此可见，犯罪生活曲线也能显现出累犯者的性格等本质在犯罪因素中所占的比例大小。此外，犯罪生活曲线也促使对累犯者的研究向前迈进了一大步。

分析累犯的类型

利用 A+B+C的组合将犯罪者分类

A **首次犯罪的年龄**
早发（25岁以下）
迟发（25岁以上）

+

B **从犯罪经历**
①持续型（犯罪者于出狱后，到下次犯案间隔两年以下）
②张弛型（间隔为2~5年）
③间歇型（超过5年以上）
④停止型

+

C **从犯罪的方向**
①单一方向（多次犯盗窃罪等同一罪种）
②同种方向（财产犯罪等相同种类的犯罪）
③异种方向（涉及两种犯罪）
④多种方向（3种以上）

例1：早发—持续型—单一方向

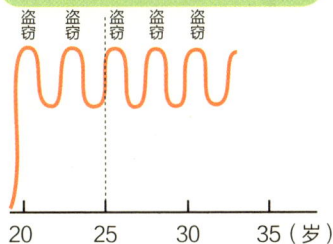

盗窃 盗窃 盗窃 盗窃 盗窃
20　25　30　35（岁）

例2：迟发—停止型—单一方向

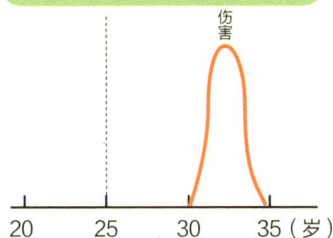

伤害
20　25　30　35（岁）

例3：迟发—持续/间歇型—多种方向

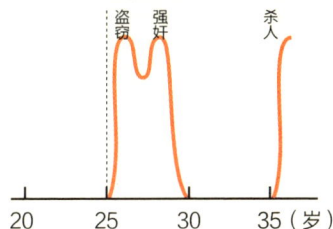

盗窃 强奸 杀人
20　25　30　35（岁）

这种分类方式可以用来分析犯罪者的性格。例如例1的犯罪者应该是意志薄弱型的人格障碍者。

对精神障碍进行分类的DSM

起源于美国的精神障碍分类，有可能成为世界的统一标准吗？

● 以统一精神障碍的病名和诊断基准为目标

"DSM"是美国精神医学会编辑的《精神疾病诊断与统计手册》，DSM-Ⅳ则指该手册的第四版。

实际上，在对精神障碍进行诊断时，很大程度上需要仰赖医生的个人经验和知识。而且，根据国家和学派的不同，有关精神障碍的病名、定义和诊断基准也有所不同，这成了信息交流上的一大障碍。于是，为了解除因为这样的不一致而导致的弊端，美国设计了这套DSM。例如，人格障碍的分类可以参阅下一页的内容。

● 随着DSM的不断修订，病名也会随之改变

每个国家或医院，根据医师个人的习惯可以使用DSM或ICD（国际疾病分类）。各种传统的诊断法以及精神分析式的诊断法在合并使用，现在，DSM已经得到了广泛引用，可以说一旦没有它就无法论及精神医学了。

同时，DSM随时都在更新。随着DSM的不断修订，医师诊断的病名也会跟着改变，当然也有增加和删除的情况。另外，还有一点很重要，DSM的存在意义并不仅局限于评判犯罪者责任能力的有无等关乎精神状况的层面。

关键词 —— ICD-10

由WHO（世界卫生组织）制定的有关身体、精神上的所有疾病的诊断基准即为"国际疾病分类"，简称为ICD，ICD-10中的数字10代表第10版之意。虽然制定DSM和ICD的团体在积极地进行信息交流，但是在病名的制定上不一定会相同。

DSM-IV中对人格障碍的分类

1 古怪自闭、容易陷入妄想和
自我封闭（A群）

妄想型人格障碍

没有原因就不信任他人、怀疑他人。

精神分裂型人格障碍

游离在社会关系之外，难以和他人维持人际关系。

失调型人格障碍

多疑，对事情的理解方式和思考方式有时非常奇特，会做出令人难以理解的行为。

2 感情波动剧烈，演技派、情绪化，
抗压力弱，容易牵连别人（B群）

反社会型人格障碍

无视并侵害他人的权利。

边缘型人格障碍

人际关系、自我印象、情感不稳定，易冲动。

表演型人格障碍

过度情绪化、经常期望引人注意。

自恋型人格障碍

夸大的幻想和行动模式、期望被赞赏、欠缺同情心。

3 经常性地感到不安和恐惧，太过在意
他人对自己的看法，因此容易有压力（C群）

逃避型人格障碍

对于他人的拒绝和否定非常敏感，容易封闭自我。

依赖型人格障碍

过度希望受到别人照顾。

强迫型人格障碍

坚持各种秩序和完美，因而容易牺牲弹性和效率。

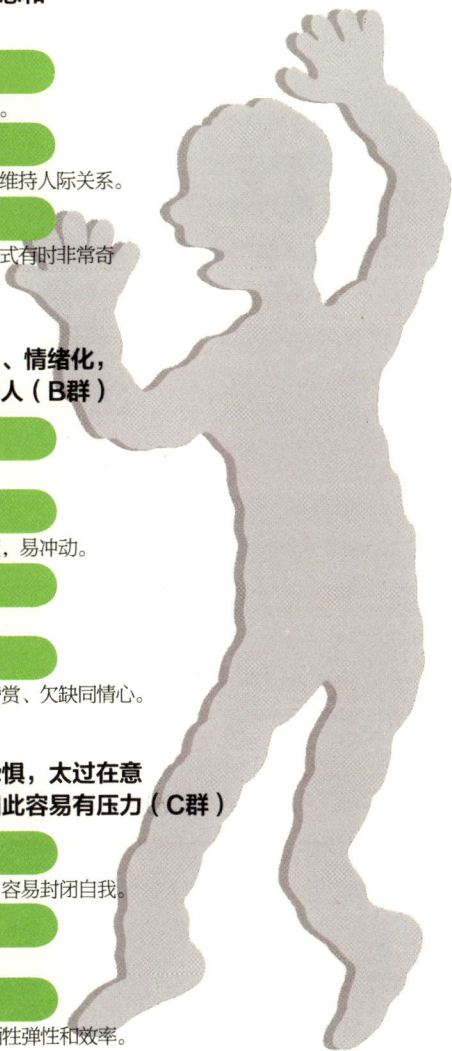

犯罪社会学 1

一般人会成为罪犯的理由

社会结构创造罪犯

● 犯罪社会学随着都市化而诞生和发展

　　第二次世界大战后，在都市化急速发展的美国，由于地区与社会阶级的差异，造成了犯罪发生率和犯罪形态各有不同，成为大众关注的焦点。于是，自此之后，从社会结构探讨犯罪形态的犯罪社会学便有了大幅进展。

　　20世纪50年代，墨顿（Merton）对迪尔克姆创立的"失范理论"进行了补充。墨顿认为，现代社会，人们追求的目标中强调"经济成功"，当人们无法通过合法的手段达到其所追求的目标时，就会产生一种失范的压力。人们为了减轻压力就会通过一系列手段来缓解，而犯罪行为就是减轻压力的手段之一。

● 对主流价值观怀有敌意

　　20世纪60年代，柯恩（cohen）提出了"帮派次文化"理论。一般来说，在社会的主流集团或文化之外，都会产生一些少数人的集团，他们抱持着与主流集团或文化相对抗的行动模式或价值观，我们称这种少数集团的文化为"帮派次文化"（形成的条件包含人种、经济条件、信念、地区以及年龄等）。

　　在帮派次文化当中，由下层阶级和贫民窟的贫民等组成的集团，是一群与社会名誉、经济成功绝缘的人（或者说自身有这种感觉）。他们经常感觉到与社会隔绝，对社会主流的价值观怀有敌意，因而想表现出一些与主流相反的价值观以及行动模式，这就是帮派次文化形成的原因，而正是这种次文化成了滋生各种犯罪的温床。

从"失范"状态衍生出的犯罪者

何谓"失范" "与社会大众的共同目标以及为了达成共同目标所必需的合法手段之间产生的不协调声音"

从面对社会的目标与手段的态度，可以鉴别出会走向犯罪的人。

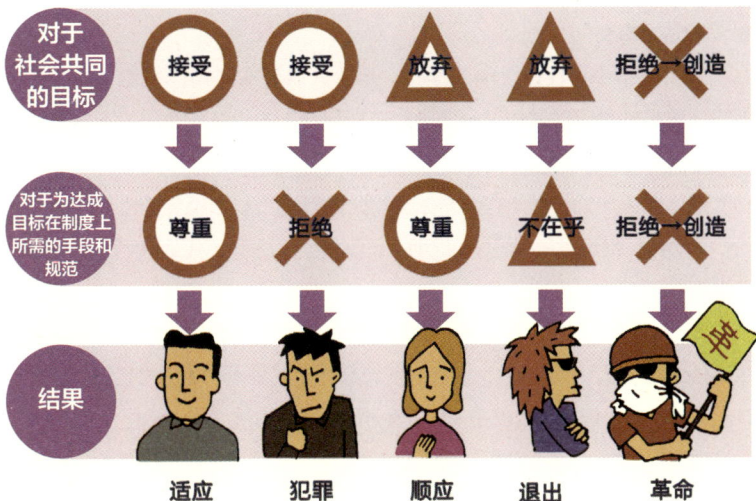

对于社会共同的目标	接受	接受	放弃	放弃	拒绝→创造
对于为达成目标在制度上所需的手段和规范	尊重	拒绝	尊重	不在乎	拒绝→创造
结果	适应	犯罪	顺应	退出	革命

何谓帮派次文化

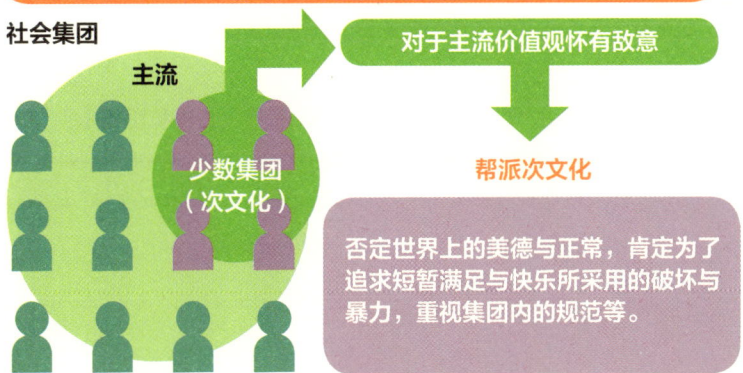

社会集团

主流

少数集团（次文化）

对于主流价值观怀有敌意

帮派次文化

否定世界上的美德与正常，肯定为了追求短暂满足与快乐所采用的破坏与暴力，重视集团内的规范等。

犯罪行为会因为被模仿而逐渐扩散吗？

人经由学习学会犯罪

● "犯法才有利"

在大都市中贫民街之类的地方，尽管人口流动性大，但犯罪率仍然居高不下，于是便得出了"犯罪行动因模仿而习得"的看法。美国犯罪学家萨瑟兰（edwin sutherland）与克雷西（cressey）认为，"与其守法，不如犯法来得有利"这样的犯罪价值观是在与帮派次文化的互动中学习得到的（"差异交往理论"）。也就是说，在与集团的沟通和互动中，能够学到犯罪技术，诱发出犯罪动机等。

不过，不是所有与帮派次文化接触的人都会成为犯罪者。美国学者格拉泽（Glaser）提出，人会因为认同自己所崇拜的犯罪者而想要成为犯罪者（"差异认同理论"）。而且，人们崇拜的对象不会局限于身边实际存在的人物，也有可能是虚构的人物。至于这种认同的情感到底是为什么又是如何产生的，目前仍没有答案。

● 在犯罪社会学中，看不到犯罪者个人的特征

犯罪社会学一直对生物学、心理学的理论有很强的反对倾向，甚至可以说它会特别强调被生物学和心理学忽略的部分。

此外，犯罪社会学的各个理论，与其说是针对所有犯罪或非行来论述的一般理论，不如说它主要是由针对集团性的少年非行或组织性的犯罪发展而来的理论。也就是说，因为这些理论将一部分犯罪和非行现象的特征提出并加以理论化，所以容易过度单纯化，经常会有很多例外出现。

近墨者黑

帮派次文化（犯罪集团）

与犯罪集团接触
学到犯罪技术、增加犯罪动机、将犯罪行动合理化等。

犯罪

要与自己崇拜的犯罪者同一化的心情

为什么会产生"想要变得和他一样"的心情，以及如何产生这种心情，到目前为止还不得而知。

● 这个理论无法用来说明从一般家庭、社会环境中产生的犯罪者以及偶发和临时起意型的犯罪。

因为被贴上标签，所以就成为犯罪者？

因为被别人说是"罪犯"，所以犯罪

● **"反正我就是罪犯啦"的恶性循环**

当我们为那些实施非行或犯罪的人贴上"非行少年"或"罪犯"的标签，并用不一样的态度对待他们，这就是"贴标签"的行为。

即使最初只是因为鬼迷心窍才犯错，或者偶尔不小心犯下了罪行，周围还是会有很多人对他们投以白眼，甚至拒之千里。在此情况下，这些人就会形成"自己已经不算社会中的正常构成分子"的负面自我认知，并继续重复非行和犯罪的行为。也就是说，根据标签理论，这些原本只是初犯的人就会陷入"初次犯罪（脱离规范）→被贴上标签 →二次犯罪 →惯性犯罪"的恶性循环中。

● **先有标签**

这种强调贴上标签的过程、认为非行和犯罪就是由贴标签造成的结果的看法，就是所谓的"标签理论"。美国学者塔嫩鲍姆（Tanenbaum）认为，在社会或一定的体制下所进行的定罪、隔离、进收容所、社会地位下降、治疗、矫正等行为，都会成为当事人的"烙印"。也就是说，社会的制度本身才是制造犯罪的源头。此外，莱默特（Lemert）认为，那些已经被贴上标签的犯罪者，甚至是把犯罪者这样一种角色当作自我的核心概念来重新发展自我的。

或许第一次看到标签理论时，会以为这种理论似乎把原因和结果颠倒了，但我们的确可以看到"非行 →管制 →非行"这样的恶性循环的合理性。只不过日本和美国不同，日本并没有明确符合的帮派次文化集团，所以或许比较难以理解。此外，标签理论也遭到了批评，认为它忽视了犯罪者自身的本质等。

主动配合周遭的眼光

鬼迷心窍才犯下的过错、偶发的犯罪行为、接触帮派次文化等

犯罪者、前科犯

恐怖的人

和我们不一样

社会地位低

曾被送到收容所等，受过社会管制

标签

自己接受这样的标签，反复犯罪。

关键词 —— 漂流者（Drifters）

在漂流者理论中，认为帮派次文化其实是青少年在接受并学习成人社会的价值观和规范之前的一个过渡性"场所"。非行所代表的是如通过仪式一般，在合法与违法之间漂流的行为，因此在这个时期为他们贴上标签，会有让他们变成真正犯罪者的危险。

何谓防范犯罪于未然的研究?

只要这个世界变得美好，犯罪就会消失?

● **应该从引起犯罪的环境开始改正**

20世纪80年代，美国犯罪率激增，美国人认为仅靠加强警察和司法的力量无法减少犯罪的发生，于是为了防范犯罪于未然，"犯罪预防理论"开始受到重视。而犯罪预防理论的实践理论，就是环境犯罪学。此理论并没有将重点放在每个犯罪者的个体身上，而是着眼于诱发犯罪的外部因素（行为环境），期望从重新组织环境上防范犯罪于未然。因此，这种理论其实是以"只要有机会人人都可能犯罪"（人性本恶）为前提创立的。

● **把犯罪"转移"到其他地区?**

环境犯罪学以惊人的速度发展，于是在日本也出现了运用这种理论进行的防范活动。

不过，对于这种理论，也出现了非常多的批判声。环境犯罪学所追求的目标就是改善环境的方法，但这只是表面上的作为而已，忽视了造成犯罪的真正原因——社会的不公平和不公正（贫困、失业、歧视等），因此这种理论被批评为无法解决根本上的问题。甚至还有批评指出，如果继续推动为了防范犯罪而做的环境设计，最终社会会变得"要塞化"，导致人们被迫过着不自由且不融洽的生活。

此外，即使有某个地区在预防犯罪上做出了成果，也有人质疑：原本那些潜在的危险分子是不是会转移至其他地区? 正因为这种方式并不能阻断犯罪的源头，因此的确有可能使潜在的危险分子"转移"到别的地区，或者经过一段时间后会再次返回。

生活形态的变化诱使犯罪增加

青少年人口增加	➡	潜在性的犯罪者增加	➡
小型化家电普及	➡	合适的犯罪目标增加	➡
双薪家庭增加	➡	白天家里缺少人照看	➡

犯罪率上升

为了降低犯罪率

灵活运用钥匙和保险箱，安装监控摄像头

出入口管理（使用ID卡检查等）

店内尽量不存放多余现金

脚踏车防盗登录（网上登记录入）

限制与犯罪相关工具的获取方式

安装警报器、增加安保人员、设置街灯

警察巡逻

BANK

公司制定内部防范规则

被害人所遭受的二次伤害是什么？

犯罪研究中被遗忘的"被害人"

● 任何犯罪都有加害人与被害人

任何犯罪案件中，一定都有加害人和被害人。但是，被害人总是容易被忽略，于是由此诞生的便是"被害者学"。被害者学研究的是"为什么会受到这种伤害""要如何预防受害"以及"应该如何帮助被害人"。

其中有一项与被害人相关的问题是"二次伤害"，也就是在刑讯和审判的过程中被害人再次受到刺激、被周围大众无心的目光所伤害以及因为媒体导致个人隐私曝光等。甚至也有些被害人在事件后，精神上的痛苦仍然无法平复，最后导致人生走上了歧途。因此，对于被害人精神上的治疗、经济上的支援以及如何实际援助被害人等，就是现在的被害者学最重要的课题。

● 实施中的各种处遇方式

目前，在警察、大学和研究所中，实施了各种各样的处遇方式。例如，为了减轻刑讯时被害人的精神负担，有关性犯罪的侦查由女警负责。与此同时，为了平复被害人的心灵创伤，设立了辅导和咨询窗口。

关键词 ●——— 恢复性司法（Restorative Justice）

恢复性司法是以对加害人、被害人、家人、社区的人进行对话和协商、对问题解决（现状恢复、赔偿、补偿、和解）的参与为核心的关系恢复作业。恢复性司法的主要部分不是惩罚，而是把对被害人的损害与和解纳入视野，实施旨在让加害人和被害人同时痊愈的措施。

不能遗忘被害人

被害者学的发展

从"被害者"的角度看犯罪

● **被害人之有责性**

虽然在过路魔杀人事件中的被害人没有责任，但如果是被自己执意欺凌的对象杀害的被害人，便具有有责性。

说不定会遭到
被害人反击

研究重点似乎在援助被害人上

● **第二次、第三次被害者化**

被害人容易被忽视的心灵创伤受到了瞩目。同时，也提出了防止犯罪的新观点。

目前正在进行的行动和研究

● 对创伤后应激障碍等有关被害人心理状态的研究
● 适当地提供搜查情况等信息给被害人
● 完善咨询、辅导体制
● 经济支援和赔偿（犯罪被害补偿制度）
● 社会对被害者的理解等

我们期待犯罪心理学能够扮演什么角色?

朝着实践科学之路发展

● 通过性激素或脑电波分析犯罪者

近年来由于生物化学与神经生理学的进步,犯罪心理学得以展开新的研究视角。

从生物化学方面来讲,雄性激素(androgens)被指出与攻击性、冲动性有关,因此为了防范暴力犯和性犯罪者再犯,使用抗雄性激素药剂的方式已经证实其的确能有效抑制再犯。此外,近年来利用 CT、MRI和PET(正电子发射断层扫描装置)检查,犯罪者的脑部形态和机能逐渐被深入认识。

● 无论如何,犯罪心理学并不容易

从杀人、盗窃等"自然犯罪",药物犯罪和卖春等"没有被害人的犯罪",到业务上的过失致死(伤)和违反道路交通管理条例等"过失犯罪",犯罪的类型原本就多种多样。因此,只从各自独立的犯罪类型进行研究,想要找出一种普遍通用的法则是不可能的。

于是,犯罪心理学未来的研究目标,应该是以建立起像医学和生物学等研究领域一样进步的新学科,即"以科学证据为基础的犯罪学"。此研究并非学者可以随意在自己脑海里设计好的一套理论,也并非简单到只靠一支铅笔、一张纸就可以进行的调查研究,而是一门必须把实际在科学证明中得到的"事实"加以系统化的研究。

经过这样的研究,我们得以了解事实的真相,等到能够制定防止犯罪的对策、治疗和矫正犯罪者的时代来临,一定会产生另一种完全不同形态的犯罪学!对于犯罪学来说,目前还只能说是曙光乍现的过渡时期。

为了治疗和矫正犯罪者

收集科学性的证据

深入研究个别的案例

制定预防犯罪对策，对
犯罪者进行治疗和矫正

依照科学性的根据
进行教育和矫正治疗。

从时代背景或社会环境
等多种角度进行
调查和研究。

应用最新的科学技术，在各方面寻求方法。

关键词 ●————— **目击者的证词与心理**

● 人类的记忆是模糊的

在进行犯罪侦查时，"目击者的证词"固然重要，但是经常有可信度的问题。人类的记忆力并不像录像机一样，能够对映入眼帘的影像过目不忘。受到当时的情况、兴奋度、压力等情况的影响，人只能记住特定的情节或者发生记忆扭曲。不仅如此，记忆的内容也会随着时间发生变化。

此外，目击者在提供犯人的年龄等信息时，如果从外表来看犯人和自己年龄相仿，那么预测的年龄会相对准确。不过，年纪差异越大，越难以准确预测，而且会随着目击者自身的特点发生变动。

● 唤醒正确记忆的技巧

对于如何唤醒正确的记忆，检察官讯问的方式非常重要。例如，若检察官提出的问题全都可以用"对"或"错"来回答，目击者需要重新回忆的部分就比较少，可以得到的答案自然也会局限在检察官设定的范围内，而且也可能会有诱导回答之嫌。因此，讯问时要应尽可能让目击者放松，让他能够自由地回想。需要小朋友的证词时，必须更加慎重。因为小孩儿回答的情况与其年龄和智力发展程度有关，有的孩子会因为被大人质问而感到紧张，比较容易顺着大人讲的话说。有人说小孩儿的证词不能相信，但这只是没有根据的说法，只要准备到位，一定能引导出足以信赖的证词。

记忆

关键词 ●——— 如何戳穿罪犯的谎言？

● 测谎器不是"谎言侦测仪"

为了戳穿嫌犯的谎言，有时我们会用到测谎器。虽然它又被称为"谎言侦测仪"，但是并不代表只要接受测验的人一说谎，机器就会有特殊反应，它不是这么万能的工具。

所谓测谎，是在接受测验的人身上装上各种检测仪器，记录他面对各种询问时的生理反应（呼吸与脉搏的变化、流汗的方式、瞳孔放大的情况等），接着再由检测人员通过他面对问题时产生的变化进行判断。

然而，并不是马上就可以从检查结果判断出接受测验的人是否说谎，因为即使说的是实话，只要心情紧张或者不安，也会反映在生理反应上。

● 讯问的方式是关键

于是，大家开始致力于研究讯问的方式。例如，在好几个问题中，加入一个包含只有调查者和犯人知道的事实的提问（罪知感问题测试）。

如果只有对这个问题有特别反应，就可以怀疑他与该事件的关系。

罪知感问题测试的例子

※关于杀害被害人的凶器

①你知道他用兰博刀了吗？

②你知道他用美工刀了吗？

③你知道他用冰凿了吗？

④你知道他用菜刀了吗？

（只有②是事实。）

2006年根据警察局的统计资料，日本刑事案件的总数为2,877,027件，但这个数字应该只是实际发生数的一部分而已，因为还存在被害人没有意识到自己受害的犯罪，赌博或药物犯罪等没有被害者的犯罪，以及很多像顺手牵羊、暴力、伤害等没有报警就先解决的犯罪，这些没有报案记录的犯罪被称为"黑数"。

一般来说，像杀人这种重大犯罪的黑数不会太多，但是像强奸、强制猥亵等性犯罪以及虐待儿童，我们认为应该有很多被害者不想或不敢出面，因此黑数应该不在少数。据说，性犯罪的黑数应该是报案记录件数的10倍，顺手牵羊（盗窃）的黑数则是破获案件数量的2～3倍。

也就是说，显现在台面上的犯罪背后，还有不少没有浮上台面的数据存在。因此，我们在看犯罪资料时，一定还要考虑到有黑数存在的问题。

显现在统计资料上的犯罪并不是全部

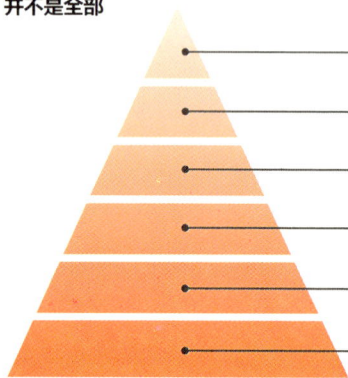

被宣判几年徒刑等"自由刑"（以剥夺人的基本权利之一的自由为主要内容的刑罚）的犯罪数量

被判有罪的犯罪数量

被检察官起诉的犯罪数量

被警察等破获的犯罪数量

报警登记的犯罪数量

实际发生的犯罪数量

关键词 ●———— 网络犯罪

近年来，网络的发展速度相当惊人。随着网络逐渐普及，利用网络犯罪的数量也在不断上升。近几年的破获案件数甚至成倍数增长（从2002年的1.471件到2006年的3.593件）。他们利用读取个人资料的恶意软件（间谍软件）或钓鱼网站等，不正当骗取密码、冒名滥用，或者利用交友网站犯下猥亵犯罪、诱拐、恐吓、杀人等罪行。由于网络本身仍处于发展阶段，变化速度快，法律规范还无法十分完善。

● 看不见脸的网络加害者

网络犯罪的三种特征：

①因为只通过文字进行交流，可以随意假冒身份，容易成功欺骗他人（匿名性高）。而且网络交流一切电子化，不容易留下犯罪痕迹。

②由于网络无国界，被害人不会限定在某个特定地区，连国境都能轻易跨越。

③由于网络技术的发展日新月异，犯罪手段也变得更为巧妙和精细。

此外，因为加害人不需要与被害人见面，因此犯罪意识应该会比较淡薄。就像在微博进行人身攻击之所以很容易变得比较严重，就是因为这个原因。因为我们都不知道，坐在计算机屏幕对面的到底是个什么样的人，当时他又是以什么样的表情坐在那里的。